PENSE JOVEM

TIM DRAKE E
CHRIS MIDDLETON

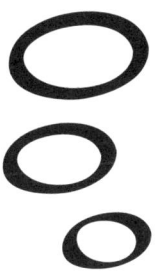

PENSE JOVEM

O mais bem guardado segredo
para a juventude eterna

Tradução
Eliana Rocha

Ediouro

© 2009 by Pearson Education Limited
Direitos de tradução reservados à Ediouro Publicações Ltda., 2009

Editora: Cristina Fernandes
Assistente editorial: Marcus Assunção
Coordenadora de produção: Adriane Gozzo
Assistente de produção: Juliana Campoi
Revisão: Mary Ferrarini e Flávia Schiavo
Editora de arte: Ana Dobón
Projeto gráfico e diagramação: Linea Editora Ltda.
Capa: A2

Dados Internacionais de Catalogação na Publicação (CIP)
(Câmara Brasileira do Livro, SP, Brasil)

Drake, Tim
    Pense jovem : o mais bem guardado segredo para a juventude eterna / Tim Drake e Chris Middleton ; [tradução Eliana Rocha]. -- São Paulo : Ediouro, 2009.

Título original: Think yourself younger
ISBN 978-85-00-02478-8

1. Amadurecimento (Psicologia) 2. Autoajuda - Técnicas 3. Conduta de vida 4. Envelhecimento 5. Envelhecimento - Aspectos psicológicos 6. Juventude 7. Sabedoria I. Middleton, Chris. II. Título.

09-02268   CDD-158

Índice para catálogo sistemático:
1. Juventude prolongada : Psicologia aplicada   158

Este livro foi impresso em offset 75g pela Gráfica Ediouro, em 2009

Rua Nova Jerusalém, 345 – Bonsucesso
Rio de Janeiro – RJ – CEP 21042-235
Tel.: (21) 3882-8200 Fax: (21) 3882-8212 / 3882-8313
www.ediouro.com.br

À minha família: Lizzie, Tansy e Lettice.
E à memória de Chris Gates, que morreu criança aos 57 anos.
— Tim Drake

À minha mulher Valerie e a meus filhos Jeremy e Antony.
— Chris Middleton

Sumário

Introdução
9

Capítulo 1
O mais bem guardado segredo da juventude
15

Capítulo 2
Então, que idade você tem?
32

Capítulo 3
Navegação adaptativa
45

Capítulo 4
Como desenvolver um egoísmo esclarecido
92

Capítulo 5
Sangue novo
123

Capítulo 6
Estar sempre ligado
153

Capítulo 7
Vontade hedonista
181

Capítulo 8
Projetando o futuro
205

Capítulo 9
Equipes de sucesso precisam de cérebros jovens
232

Capítulo 10
Eterna juventude
243

Introdução

Este livro fala do desejo de permanecer jovem, dos arrependimentos que você pode ter ao constatar que sua juventude passou rápido demais, da sensação de que tudo era mais fácil naquela época. A mensagem que se quer passar é que a vida era mais simples porque você a vivia melhor. Em algum ponto do caminho você perdeu a capacidade de pensar e viver com entusiasmo. Perdeu a sabedoria da juventude.

Este livro põe por terra muitas das suposições sobre o envelhecimento e contraria crenças populares:

- Envelhecer tem mais a ver com seus pensamentos do que com sua aparência.
- Seus pensamentos não são determinados pela marcha inexorável do tempo: em qualquer idade você pode pensar jovem e deixar de pensar como um velho.
- Sabedoria não é apenas a experiência que se adquire com a idade. Todos nós nascemos com uma sabedoria natural: a sabedoria da juventude.
- Para muitos de nós, a sabedoria que ganhamos à medida que amadurecemos não compensa a perda da sabedoria da juventude. A consequência é que, com o tempo, nossa vida piora.

O velho modo de pensar, típico das pessoas que perderam a natural sabedoria da juventude, traz em si um perigo real: o sofrimento provocado pelo medo de envelhecer e pela ansiedade de ficar para trás em um mundo em constante mudança.

Essa angústia da mente velha pode ser superada. Você pode recusar a inexorável espiral descendente do envelhecimento. E poderá ser mais feliz à medida que envelhece.

Sim, a boa notícia é que podemos recuperar o que julgávamos ter perdido para sempre. Podemos rejuvenescer mediante a deliberada decisão de ter uma mente jovem. Vamos mostrar como isso é possível.

E há mais. As estratégias que descrevemos neste livro são acessíveis a qualquer um. Qualquer pessoa — não importa sua idade nem seu ponto de partida — pode pensar jovem e rejuvenescer. E o que é melhor: recuperar a juventude requer recursos financeiros mínimos. Dedique-se a pôr em prática as estratégias deste livro e nós lhe ofereceremos o caminho do sucesso.

Se você escolheu este livro, provavelmente é porque percebe não estar onde queria estar. Talvez esteja se sentindo velho antes do tempo ou com uma leve inveja das pessoas de personalidade jovem e vibrante. Alguma coisa precisa mudar.

Naturalmente, mudar não é fácil, e não lhe prometemos rejuvenescer da noite para o dia. Mas, compreendendo e incorporando as seis sabedorias da juventude em sua vida diária, aos poucos você redescobrirá a liberdade — a liberdade de ser aberto, flexível, exuberante. Aqui você aprenderá as estratégias para deixar fluir a energia da juventude e ter acesso a um novo mundo e às pessoas que o cercam. Em suma, este livro lhe dará a possibilidade de viver uma vida plena e deixar um legado duradouro.

Pense jovem também vai ajudar você a recuperar a juventude fazendo as escolhas certas. Você pode continuar relevante ou deslizar lentamente para a passividade e a irrelevância. Cabe a você decidir fazer novos amigos ou continuar limitado a seu círculo mais imediato. Só você pode determinar se adota uma abordagem mental à vida que lhe permita desfrutar tudo o que o século 21 tem a oferecer ou se prefere se refugiar nas águas paradas do medo e do pensamento estagnado.

Finalmente, *Pense jovem* coloca um desafio. Você está satisfeito de estar fazendo todo o possível para ficar bem? Se sua resposta for negativa, leia este livro e mude sua vida para sempre.

Como usar este livro

Este livro vai desafiar você a mudar de vida, a ficar mais jovem e mais sábio. Mas concordamos que estamos lhe pedindo muito. Reformar a vida exige muita coragem para vencer as barreiras que vão se colocar à sua frente. Portanto, não se surpreenda quando lhe dizemos que, para rejuvenescer, você terá que dedicar muito tempo e empenho nesse caminho. Terá que estar disposto a se observar de perto e estar preparado para um trabalho interior. Você vai querer mudar o que pensa a seu respeito e sobre o mundo que o cerca. E terá que reforçar tudo isso mudando alguns velhos comportamentos. Mais uma vez, sabemos que isso vai lhe exigir coragem — e sabedoria. Como sabemos disso? Porque enfrentamos o mesmo desafio!

Resumido a seus fundamentos básicos, este livro tem apenas dois elementos:

1. Explica como e por que uma nova maneira de pensar nos torna mais jovens.
2. Oferece medidas práticas para mudar sua atitude mental — injeções de sabedoria da juventude.

Durante a leitura, esperamos que você se envolva com o texto, interaja com ele e se aproprie dele. A maneira mais fácil de conseguir isso é manter este livro só seu. Pelo menos dessa vez, não o empreste a ninguém. Você precisa personalizá-lo. Portanto, pegue suas canetas e marcadores de texto — e mãos à obra. Faça anotações à margem, sublinhe ou circule as palavras — como quiser. E convença-se de que você está fazendo isso por você... e por seu futuro ser.

Muito do que você será solicitado a fazer não estará neste livro, mas em sua vida cotidiana. Injetar a sabedoria da juventude em sua vida significa colocar e atingir objetivos. Para cada sabedoria da juventude, nós o convidaremos a responder a algumas perguntas e depois partir para a ação. Aqui você aprende fazendo.

Portanto, você tem em suas mãos um livro capaz de mudar sua vida e, ao mesmo tempo, um caderno de exercícios. Use-o como um trampolim e como um guia, ao qual poderá voltar quando tiver dúvidas.

Todos nós gostamos de atalhos, mas lembre que a quantidade de rejuvenescimento vai depender de sua disposição de se envolver e persistir nas ações que sugerimos.

É importante entender que as sabedorias da juventude (que você verá mais adiante) estão relacionadas sem ordem de prioridade. Só você pode decidir o que precisa fazer, dependendo de sua situação particular. Pode atacar todas as sabedorias da juventude ao mesmo tempo ou uma de cada vez. Provavelmente, o melhor é ler as seis, identificar duas que lhe pareçam mais proveitosas e se concentrar nelas pelos meses seguintes. Quando essas duas estiverem absorvidas, passe às demais.

Trata-se de um compromisso demasiado longo? Se considerarmos os benefícios e o tempo que você terá para desfrutá-los, absolutamente não. Pense nisso. Talvez você seja relativamente jovem — digamos, na casa dos 30 anos —, mas já perceba sinais de envelhecimento se insinuando em sua visão de mundo. Neste caso, você tem a maior parte da vida à sua frente para se beneficiar dos ensinamentos deste livro. Mas você pode estar na meia-idade, ou mesmo já desfrutando sua aposentadoria, e sentir que a juventude ficou para trás. Seja como for, recuperá-la não é tarefa para um dia.

Nada se conserta de um dia para outro, mas você pode se dar uma chance de vencer. Armado deste livro, de convicção e de coragem, você pode rejuvenescer sua atitude mental e sua maneira de desfrutar a vida. E você não só *pode*, mas *vai conseguir*.

Capítulo 1
O mais bem guardado segredo da juventude

Todo mundo quer permanecer jovem. Todo mundo quer ser inteligente e interessante, ter muita energia e aproveitar a vida. E todo mundo conhece alguém que parece fazer isso sem esforço — e nunca parece ficar velho. À medida que o tempo passa, essas pessoas continuam interessantes e bem-informadas, cheias de vitalidade e de grande valor. São pessoas fora do tempo.

Mas a maioria não consegue isso com facilidade. Em algum momento, começamos a sentir que perdemos o entusiasmo pela vida. Não rimos tanto quanto costumávamos rir e geralmente nos sentimos um tanto cansados, alienados, negativos — e até parece que não encontramos coisas interessantes a dizer.

Para algumas pessoas, isso começa relativamente cedo. Às vezes, é mais fácil ignorar as consequências do envelhecimento do que enfrentá-las. Entretanto, se observar com atenção, você verá que os sinais estão por toda a parte. No trabalho, você talvez descubra que são os mais jovens que têm as ideias mais brilhantes e a energia para implementá-las. De repente, eles são promovidos antes de você. Mas você também pode ser jovem em anos e perceber que alguns dos mais velhos são mais ativos, mais relevantes — e mais jovens que você em aparência e desempenho. Em casa, talvez seus filhos estejam se tornando mais independentes, fazendo com que você se sinta menos útil e até mesmo supérfluo.

Tranquilize-se: se você está com medo de envelhecer, não está sozinho. Todos nós temos um mórbido fascínio pelo assunto. Durante os primeiros vinte anos de nossa vida queremos ser mais velhos e, nos anos seguintes, aspiramos ser mais jovens — até o dia do acerto de contas, quando não temos nem um dia a mais.

À medida que envelhecemos, as dores e os desconfortos ficam mais evidentes. Para não falar dos lapsos de memória (Onde coloquei minhas chaves? Por que mesmo vim a esta sala?). Esses momentos de envelhecimento começam notavelmente cedo na vida adulta.

Porém ignoramos os sinais de advertência e as falibilidades. Por isso, o envelhecimento tem uma maneira insidiosa de se instalar. Na verdade, de acordo com Leon Tolstói, "A coisa mais surpreendente que acontece às pessoas é a velhice". Só os outros envelhecem, você protesta, eu não. Ainda me sinto com 29 anos!

Até que um dia você descobre que os anos passaram num piscar de olhos. E constata, de uma maneira quase inconsciente, que suas atitudes mudaram. Você está mais negativo, mais pessimista, velho no coração.

Faça a si mesmo as seguintes perguntas:

- Você começou a se afastar do resto da sociedade por causa da idade? Você diz coisas como "Na minha idade, não conseguiria fazer isso"?
- Você coloca um limite de idade em suas esperanças, seus sonhos, seu direito à diversão?

- Você ainda vê o futuro como uma excitante oportunidade ou ele se tornou um território estranho e hostil? Você já disse a si mesmo, por exemplo, que no passado era mais fácil e que o futuro será mais sombrio?
- Você já se viu repetindo frases que seus pais usavam e percebeu que se tornou seu pai ou sua mãe?

Em defesa do envelhecimento

Mas espere um minuto. De certa forma, não há nada de errado em envelhecer. É natural e pode ser altamente dignificante. Agora podemos decidir se queremos ficar na rua até tarde ou se preferimos ir para a cama cedo. Podemos escolher quem e o que queremos em nossa vida. Se tudo correr bem, adquirimos maior estabilidade financeira e, o que é mais importante, aceitamos melhor quem somos. Com sorte, ainda teremos o prazer de ver nossos filhos crescer e se tornar adultos produtivos e felizes. E os netos serão, talvez, o melhor presente da vida.

Além disso, esperamos que mais anos neste mundo nos tragam mais sabedoria, a sabedoria que nasce da reflexão e de um juízo sensato baseado nas lições que a vida ensina.

Aos 30 anos, é gratificante acreditar que toda aquela falta de jeito dos primeiros relacionamentos é coisa do passado. E, quando se chega aos 50, é fantástico imaginar que nossos erros e tropeços ficaram para trás.

Para muita gente, o grande conforto que acompanha o processo do envelhecimento é o sentimento de que estamos mais equipados para os desafios da vida e que aprendemos a viver melhor. Coisas que costumavam nos estressar agora são descartadas como sem importância. Há menos situações embaraçosas; os erros e passos em falso tornam-se menos frequentes. Descobrimos e aceitamos o verdadeiro significado da vida. Quem gostaria de ser mais jovem quando a maturidade oferece tanto?

Aqui podemos concordar e discordar.

Concordamos em que é totalmente possível aprender as lições da vida à medida que vivemos e saber o que nos leva a fazer as escolhas mais sábias. Chamamos a isso Sabedoria da Experiência, que, aliada à sabedoria da juventude, nos levará a viver uma vida rica e gratificante. É o que discutiremos no último capítulo deste livro.

O que gera discordância é a ilusão generalizada de que nos tornamos sábios à medida que passamos pelos vários estágios da vida. Mesmo que muitas pessoas pensem estar acumulando sabedoria, na verdade quase sempre estão apenas armazenando rigidez e arrogância. Para esses, a idade traz pouco aprendizado. Como veremos, com o passar do tempo as pessoas mais perdem do que ganham capacidades. Portanto, todos nós precisamos refutar a suposição de que, à medida que ficamos mais velhos, nosso corpo entra em declínio, mas nossa mente se torna mais forte e mais controlada.

> "Acredita-se que, à medida que envelhecemos, ficamos mais sábios. Temo que isso não seja verdade. Geralmente, continuamos tão idiotas como antes, e ainda cometemos muitos erros. O que muda é que os erros são outros." Richard Templar, *As regras da vida*

> "Experiência é essa coisa maravilhosa que nos permite reconhecer um erro quando o repetimos." F. P. Jones

Uma última defesa que frequentemente se faz do envelhecimento é que ele nos livra da culpa. Ele nos dá um álibi para evitar as coisas que não queremos fazer.

Uma mulher de 35 anos pode ansiar chegar aos 50 para que as pessoas parem de lhe perguntar quando pretende se assentar na vida, encontrar um marido e ter uma família. Como ela não quer se casar nem ter filhos, a meia-idade lhe dará a desculpa perfeita para não se aborrecer com essas coisas.

Isso também funciona para uma pessoa de 65 anos. Sim, você poderá estar um tanto decrépito — mas o bom é que as pessoas já não lhe exigem tanto. Como diz uma canção, você pode levar a noite toda fazendo o que costumava fazer a noite toda. E talvez ainda possa desfrutar da condição de velho mal-humorado e reacionário — quase sempre uma piada para os que o cercam.

Infelizmente, se esse lento deslizar para a senilidade vem sendo uma estratégia válida há décadas, hoje não é mais. Na verdade, envelhecer já não é como era.

A necessidade de ser mais jovem ou mais velho

Há três décadas, o lento declínio em direção ao pensamento irritadiço era aceitável e até um tanto engraçado. No entanto a dinâmica sociedade atual perdoa cada vez menos as mentes atrasadas.

Hoje, a pressão social por uma vida plena indica que a sociedade rejeita cada vez mais os estereótipos do envelhecimento previamente aceitos. Os 50 hoje são os 30 de antigamente; os 70, os antigos 50; e os 80, os antigos 60. Diante da pressão social, a ideia de que é possível relaxar e envelhecer com elegância é coisa do passado. A pressão social espera que pessoas idosas e de meia-idade sejam mais vigorosas — e por muito mais tempo.

Naturalmente, não estamos dizendo que todo mundo, qualquer que seja sua idade, precisa ter a vida agitada de um adolescente. É perfeitamente compreensível que, quando envelhece, a pessoa deseje substituir esportes vigorosos ou perigosos por atividades menos exaustivas. Ou curtir a noite ao pé da lareira em vez de sair para uma noitada de diversão. Hoje, as pessoas têm a oportunidade e a expectativa social de continuar a crescer ao longo da vida. A verdade é que não desempenhar esses novos papéis pode gerar frustração e uma possível reprovação social.

Agora você pode argumentar que, mesmo na dinâmica sociedade atual, ainda é possível ir tirando o pé do acelerador. Para convencê-lo de que esse curso de ação é mais problemático do que já foi, vamos citar três exemplos.

O primeiro é o fenômeno do Viagra. Há alguns anos, a impotência provocada pelo envelhecimento era amplamente aceita como o início de um lento declínio do desejo e da atividade sexual. Hoje, porém, o fogo está aceso, por assim dizer. Dificuldade de ereção? Siga o exemplo de milhões de homens, procure o seu médico e faça alguma coisa. Se a oportunidade de evitar a queda da libido existe, por que não aproveitá-la? A idade não é desculpa. Homens idosos devem ser sexualmente ativos.

Desse modo, uma oportunidade pode se transformar rapidamente em uma quase obrigação. E assim que surge algo como o Viagra, a atitude mental não pode mais voltar à época em que ele não existia.

Em seguida, vamos considerar as expectativas da sociedade em relação aos mais velhos. Em 2007, o político britânico sir Menzies Campbell foi destituído do cargo principalmente por causa da idade. Charges que mostravam um velho desdentado apoiado num andador e piadas no Parlamento sobre a dificuldade de ouvi-lo acabaram levando à sua queda. E à época ele ainda estava na casa dos 60. Goste-se ou não, a mensagem é clara. Seja jovem ou, então...

Um terceiro exemplo é a mudança das atitudes da família em relação ao envelhecimento. Há apenas algumas gerações, os filhos queriam ser como os pais, e as filhas, como as mães.

Hoje, com a evolução dos valores sociais, os papéis estão praticamente invertidos. Os pais querem ser como os filhos, e as mães, como as filhas. Pais e filhos fazem compras juntos, usam roupas semelhantes, ouvem a mesma música, vão aos mesmos lugares. E, como as diferenças de geração se apagaram, as expectativas da sociedade em relação aos mais velhos também esmaeceram. A idade importa menos que a atitude.

E não foram só as expectativas sociais que mudaram. Com o aumento da expectativa de vida, a surpreendente constatação é que, estatisticamente, aos 40 anos ainda temos metade da vida à nossa frente. Portanto, faz todo o sentido entrar em forma para aproveitar da melhor maneira esses anos. Animar, acender, em vez de aposentar. Não há razão por que se afastar do contato social. E a melhor possibilidade de se manter atualizado com a vida moderna é desenvolver uma mentalidade jovem.

Finalmente, tudo se resume à seguinte pergunta: você prefere se manter ativo e envolvido com a vida por mais tempo ou vai limitar seu potencial com a ideia de que "para mim, já era"?

Se você escolheu este livro é porque, instintivamente, percebe tudo isso. Não só quer se manter jovem, útil e ativo, mas entende que será bom tentar. Provavelmente, já suspeita que um declínio gradual em direção aos chinelos e à cadeira de balanço não é para você. Sabe que, mantendo-se envolvido ativamente na vida, você terá que estar pronto e disposto a entrar no jogo. Seja aos 30, aos 60 ou mesmo aos 90, há jogo para todos nós.

Este livro vai ajudar você a realizar seu desejo de permanecer jovem revelando o mais bem guardado segredo da juventude. Mas, antes dessa revelação, vamos analisar rapidamente as estratégias mais comuns contra o envelhecimento e descobrir por que elas são, na melhor das hipóteses, pouco animadoras.

Estratégias convencionais contra o envelhecimento

A julgar pelo dinheiro gasto, muita gente chegou à conclusão de que a melhor maneira de se manter jovem é parecendo jovem — uma espécie de corpo a corpo contra o tempo para obter a eterna juventude.

Atrasar o envelhecimento físico para apresentar uma nova imagem ao mundo é hoje um grande negócio. Recentemente, o mercado mundial de cosméticos antienvelhecimento (que inclui clareadores de pele, cremes firmadores e redutores de celulite) foi calculado em 13 bilhões de dólares. Há montes de loções, tônicos e cremes contra rugas.

E não só as mulheres desejam retardar os efeitos do tempo. Os homens também lutam para manter uma pele de bebê. O mercado masculino é o que mais cresce no ramo dos cosméticos.

Para algumas pessoas, se as marcas não podem ser apagadas ou cobertas, o bisturi é a solução. A cirurgia plástica cresce à velocidade de um foguete. Em 2006, quase 11,5 milhões de procedimentos cirúrgicos e não cirúrgicos foram realizados nos Estados Unidos, o que representa um aumento de 446% em apenas dez anos. Ao mesmo tempo, na Inglaterra, os *liftings* cresceram 44% no ano passado, e as cirurgias de levantamento de sobrancelhas, 50%, o que provavelmente explica o constante olhar de surpresa no rosto do seu vizinho!

A ideia, naturalmente, é que, quando parecemos mais jovens, nos sentimos mais jovens e confiantes. Programas de tevê que promovem uma transformação física completa fazem propaganda dessa filosofia interminavelmente.

O exercício físico é a segunda estratégia a que as pessoas recorrem em busca de saúde e rejuvenescimento. Exercícios regulares podem conservar o corpo em forma e com boa aparência. No que diz respeito à saúde, o exercício é muito importante — qualquer que seja a idade. Aumenta a força muscular, a densidade óssea, a eficiência cardiovascular e os níveis de energia. Os exercícios aeróbicos reforçam o sistema imunológico e nos mantêm saudáveis.

Mais importante, inúmeras pesquisas comprovam os benefícios psicológicos dos exercícios físicos. Eles evitam ou diminuem a depressão, a raiva e a ansiedade, além de melhorar a autoestima e o sono.

Além disso, manter a mente alerta tem se tornado uma estratégia muito popular contra o envelhecimento.

O tempo tem um impacto evidente sobre nosso cérebro, e quase todo mundo tem consciência de lapsos de memória ou de lentidão mental ligados ao envelhecimento. E, quando começamos a trocar o nome dos filhos, sabemos que estamos com problemas.

Entre as estratégias para preservar o bom funcionamento do cérebro estão os jogos de palavras, as palavras cruzadas e, mais recentemente, os exercícios de Sudoku. Para os que gostam de tecnologia, conhecer as últimas novidades da informática é um desafio mental benéfico. Ao mesmo tempo, familiarizar-se com os últimos lançamentos em matéria de videogames também ganha popularidade como uma maneira de revigorar as conexões neurais do cérebro. Aprender uma língua estrangeira é outro recurso altamente recomendado para manter a mente alerta.

Comportar-se como jovem é outra estratégia popular contra o envelhecimento. Viajar para locais interessantes, vestir-se na moda, praticar surfe: qualquer coisa serve, desde que adotada pelos jovens.

Finalmente, ter filhos também pode ser uma estratégia antienvelhecimento. As crianças nos rejuvenescem porque nos colocam de prontidão, e os adolescentes, particularmente, nos põem em contato com a vida contemporânea, gostemos ou não.

As limitações das estratégias convencionais

As estratégias aqui citadas são boas, porém não são suficientes. Todas têm suas limitações. É importante você se manter física e mentalmente ativo, mas isso é apenas o andaime da construção. Se você realmente deseja um verdadeiro rejuvenescimento, terá que procurar outras soluções. Vamos analisar as melhores estratégias.

Parecer jovem com a ajuda de cosméticos é apenas isso: cosmético. Porque a premissa é construída sobre o desejo — uma ilusão. Peça a qualquer mulher que diga o que realmente pensa sobre os cremes contra rugas e ela lhe dirá que tem grandes dúvidas sobre sua eficácia, mas ela quer acreditar. Trata-se de esperança, e não de realidade. O que acontece é que ela está se enganando. Acredita estar fazendo alguma coisa e que o envelhecimento físico é negociável. Lamentavelmente, acreditando neste sonho, ela está desviando sua atenção das estratégias que podem ajudá-la a rejuvenescer de uma maneira sustentável.

Por outro lado, as soluções cirúrgicas que nos permitem comprar um pedaço do glamour de Hollywood também são muito problemáticas. Para começar, os resultados são quase sempre temporários. O Botox, por exemplo, deve ser injetado a cada seis meses pelo resto da vida. O mais grave é que investir numa aparência jovem de nada adianta se sua cabeça continuar velha. O que adianta parecer um gato se você pensa como um tio? Seu encanto sexual só dura enquanto você não abre a boca. Existe algo mais embaraçoso do que atrair a atenção de alguém mais jovem e acabar revelando sua verdadeira idade ao manifestar opiniões e valores antiquados? Seu disfarce é descoberto na hora. O perigo é acabar com um corpo fabuloso e um cérebro deteriorado.

É claro que ninguém em sã consciência desencorajaria a prática de exercícios e a boa alimentação, mas essas estratégias são apenas a base, e por si sós não levam a uma vida jovem. Vão ajudar você a viver mais, contudo a estratégia mais eficiente combina quantidade e qualidade. Viver mais *e* melhor.

Moldar os processos mentais pode nos tornar mais rápidos para dizer ou fazer algo que é intrinsecamente antiquado ou fora de sintonia com nosso tempo. Os exercícios mentais não são capazes de evitar que nos tornemos velhos mal-humorados. Não vão nos manter atualizados sobre os novos fatos e as novas tendências — ou fazer com que deixemos de ser antiquados. Portanto, moldar o pensamento é bom, mas é só metade do caminho.

Ter um comportamento jovem também não faz o tempo voltar atrás. Agir como jovem pode fazer bem, naturalmente, mas, com antigos valores e opiniões circulando por seu cérebro, que rejuvenescimento é esse?

Vejamos o exemplo das viagens. Ter espírito de aventura é bom e viajar é recomendável, mas não é tudo. Se a viagem não for acompanhada da capacidade de se abrir a novos aprendizados e culturas, pouco fará para rejuvenescer a mente. Duas semanas viajando pelo Caribe num cruzeiro de luxo provavelmente não vão mudar sua atitude diante da vida nem suas oportunidades.

Em suma, o envelhecimento é insidioso e pode nos afetar física, mental e psicologicamente num nível profundo. Diante dessa realidade, cremes, palavras cruzadas ou cruzeiros pelo Caribe só vão reorganizar as cadeiras no convés do *Titanic*.

A verdade é que, se você deseja realmente uma vida jovem, e o sucesso e a felicidade que vêm com ela, precisa adotar uma estratégia de rejuvenescimento totalmente diferente.

O segredo da preservação da juventude: mudança de mentalidade

O verdadeiro elixir não está nas loções, nos implantes de seio, nas palavras cruzadas ou nos concertos de música pop. Essas são soluções rápidas que nos dão um verniz de juventude, nada mais. O segredo da preservação da juventude está em desenvolver e conservar uma mentalidade jovem. Em outras palavras, para conquistar o sonho de nos mantermos jovens, precisamos mudar nosso modo de pensar.

A juventude não é mais um dado demográfico; é um estado mental. Não é uma questão de faces rosadas, lábios convidativos ou joelhos flexíveis. Tem a ver com a qualidade da imaginação, com o vigor das emoções e com a disposição para agir.

Para ser jovem você precisa pensar jovem. É preciso abandonar os pensamentos irritadiços e adotar as atitudes, os valores e os padrões de pensamento das pessoas jovens.

Principalmente, para ser jovem precisamos ser relevantes, estar atualizados, em contato com as mudanças do mundo. A mudança de mentalidade que recomendamos exige ter pensamentos modernos, alinhados com o progresso. Estar em contato e deixar fluir. Incorporar valores e opiniões que minimizem a dissonância entre nossas perspectivas e a sociedade atual. Mudar a maneira de pensar o mundo em constante evolução e livrar-se dos preconceitos e medos.

> "Manter-se jovem é um estado mental... não sermos reacionários nem criticar cada vez mais coisas, não desistir do que sempre tivemos ou sempre fizemos." Richard Templar, *As regras da vida*

Ao revelar a sabedoria da juventude, vamos lhe apresentar tanto o pensamento *jovem* quanto o pensamento *relevante*.

No entanto, ainda há mais. Ao estimular você a pensar de uma maneira jovem, a mudança de mentalidade pode realmente tornar seu corpo mais jovem. Ao pensar em si mesmo como jovem, você pode mudar sua química e sua fisiologia. Não acredita? Pesquisas médicas nos Estados Unidos e em outras partes do mundo demonstraram irrefutavelmente que o envelhecimento pode ser revertido pela maneira certa de pensar.

> "Somos abençoados entre todas as espécies porque podemos mudar nossas percepções, interpretações e expectativas de vida e, assim, transformar nossa realidade. Mudando nossas percepções e adotando novas ações, podemos criar, literalmente, um corpo físico diferente." Deepak Chopra, médico

Finalmente, quando falamos de mudança de mentalidade, estamos falando de algo fundamental. Uma vez que os padrões de pensamento estejam profundamente arraigados e se repitam naturalmente, podemos então falar de uma personalidade mudada. Tendo pensamentos jovens e, por conseguinte, adotando comportamentos *genuinamente* jovens, as pessoas se mantêm jovens. E ponto final.

> "Você é tão jovem quanto a sua fé, tão velho quanto as suas dúvidas; tão jovem quanto a sua confiança, tão velho quanto os seus medos; tão jovem quanto a sua esperança, tão velho quanto o seu desespero. No centro de cada coração há um gravador. Enquanto ele recebe mensagens de beleza e esperança, alegria e coragem, você está jovem. Quando as cordas se rompem e seu coração se cobre das neves do pessimismo e do gelo do cinismo, então, e só então, você está velho." Anon

Naturalmente, algumas pessoas conseguem se manter jovens sem grande esforço. Foram abençoadas com uma personalidade que permanece sempre jovem. A sabedoria da juventude com que nasceram parece nunca abandoná-las. São pessoas felizes, espontâneas, têm amigos de todas as idades e energia de sobra.

Outras — e você pode ser uma delas — têm uma personalidade que parece envelhecer com maior rapidez. Assim é a vida.

Entretanto, não importa de onde você está partindo, mas para onde está indo. Isso pode ser um alívio. Você pode assumir o controle de sua vida e rejuvenescer. Se você envelheceu antes do tempo, provavelmente é porque não reteve a sabedoria da juventude. Este livro é sua chance de remodelar sua vida.

E não esqueça: merecemos ser jovens e dinâmicos. Merecemos tudo o que é mágico, excitante e maravilhoso na vida. Todos nós podemos ter tudo isso. Requer apenas motivação e esforço para mudar. E o melhor momento para mudar é AGORA!

O conteúdo certo

No entanto como mudamos nossa mentalidade e rejuvenescemos? A resposta, surpreendentemente simples, é: redescobrindo a sabedoria da juventude. Basicamente, estamos lhe pedindo apenas que recupere algo que você provavelmente perdeu no caminho.

Ah, diz você, mas também há coisas indesejáveis e inadequadas na juventude. Essas eu também perdi ao longo do caminho. Não quero mais me sentir desajeitado, rebelde ou antissocial. Na juventude, minha atitude mental nem sempre foi a mais sensata.

Esta é uma questão importante, e o livro se dedica a esclarecê-la. Não estamos lhe sugerindo, absolutamente, que adote todos os valores e comportamentos dos jovens de hoje. Seria uma temeridade. Nosso desejo é convidar você a adotar o que é bom na juventude: aquelas ideias que lhe permitam redescobrir como ter uma vida contemporânea mais rica. São esses aspectos benéficos que chamamos de sabedoria da juventude.

Quanto ao resto da juventude — as bobagens, as obsessões, as ingratidões, as transgressões (para não falar das espinhas) —, vamos deixar para trás.

Também é fundamental dizer, com franqueza, que endossamos totalmente a ideia de que, pelo menos para alguns, o envelhecimento traz sabedoria. Vamos nos referir a essa Sabedoria da Experiência no último capítulo deste livro. Entretanto, nosso tema é a sabedoria da juventude — um fenômeno subestimado, que muitos leitores talvez julguem paradoxal. Vamos dar mais atenção a ele.

Agora, depois de fazer uma pausa momentânea para deixar claras as definições, vamos voltar às duas expressões que já mencionamos: "cérebro jovem" e "cérebro velho". Como vamos nos referir outras vezes a esses dois conceitos, convém deixar claro o que queremos dizer exatamente.

Quando dissermos "cérebro jovem", estamos nos referindo a pessoas que conservaram a sabedoria da juventude em sua vida e, significativamente, descartaram as tolices da juventude. Mas lembre que um cérebro jovem não é necessariamente jovem em anos. Você pode ter um cérebro jovem em qualquer idade, e vamos lhe fornecer as chaves para o sucesso.

"Cérebros velhos", por outro lado, são pessoas que perderam grande parte da sabedoria da juventude. Mais uma vez, pode-se ter um cérebro velho em qualquer idade — como você vai descobrir no próximo capítulo.

Portanto, o cérebro jovem tem o conteúdo certo — e você também deve ter. A chave para um rejuvenescimento sustentável é pensar como um cérebro jovem e perpetuar a sabedoria da juventude.

Realizando pesquisas objetivas no campo das ciências sociais e reanalisando seus resultados, descobrimos e definimos seis sabedorias da juventude. E o mais surpreendente é que, apesar da natureza enganadoramente simples de nossa solução contra o envelhecimento, esta é uma história que só agora está sendo contada. É um segredo entre nós.

Assim, depois de escolher este livro e chegar até este ponto, você deve se cumprimentar. Você tem em mãos algo muito poderoso. Usadas corretamente, as estratégias que vamos desenvolver do capítulo 3 ao capítulo 8 lhe permitirão voltar a ser jovem.

Pode haver algo mais excitante?

Capítulo 2

Então, que idade você tem?

Idade cronológica, idade do corpo e idade do cérebro

Muita gente entende que existe uma diferença entre a idade cronológica e a idade fisiológica. Nossa idade cronológica é simplesmente o número de anos que completamos, enquanto nossa idade fisiológica — ou idade do corpo — é a idade de nossos órgãos, nossos ossos e nossa pele segundo uma avaliação médica. Se você é jovem, mas fuma muito, por exemplo, pode ter pulmões velhos. Pode haver anos de diferença entre sua idade cronológica e sua idade corporal.

E também existe a idade do cérebro. Nossa idade cerebral é a idade de nossa mentalidade, que depende da maneira como levamos a vida. Você tem um cérebro jovem, um cérebro velho ou um cérebro de meia-idade? Essa idade não é avaliada por médicos, mas por cientistas sociais. Daqui a pouco, vamos lhe pedir que faça um teste para calcular a idade do seu cérebro.

Surpreendentemente, nossa idade cerebral tem menos importância para o número de anos que vivemos do que nossa idade fisiológica.

Assim sendo, ninguém fica velho apenas vivendo certo número de anos. Uma pessoa envelhece por não cuidar do corpo e, mais importante, por abandonar a sabedoria de seus primeiros anos.

Nossas três idades podem ser diferentes, e geralmente são. Este, por exemplo, é o perfil de John Fossil:

| Idade cronológica: 55 | Idade do corpo: 45 | Idade do cérebro: 63 |

John tem 55 anos e está em boa forma física. Mas tem a mentalidade de um homem de 63 anos. Você provavelmente conhece alguém como ele — o tipo de pessoa que exercita o corpo, porém não a mente. Seu corpo se mexe bem, todavia sua mente está quase estática.

Agora vamos conhecer Janey Tack:

| Idade cronológica: 63 | Idade do corpo: 52 | Idade do cérebro: 35 |

Janey tem uma idade corporal e, particularmente, uma idade cerebral bem inferiores a sua idade cronológica. Tem uma mente aguda e um coração jovem. E ela também você talvez conheça. Está sempre sintonizada com o que acontece no mundo, cheia de entusiasmo pela vida e sabe conversar com todo mundo — particularmente com as crianças — de igual para igual.

Como vimos no Capítulo 1, o fator mais importante na avaliação da idade não é a condição do corpo, e menos ainda os anos vividos, mas a condição do cérebro. Muitas pessoas são velhas porque têm uma maneira velha de pensar. Têm uma maneira antiquada de ver as coisas. Suas percepções são menos significativas na sociedade atual. Têm ideias ultrapassadas. Em suma, têm um cérebro velho, e isso é o que importa.

> "O sucesso quase sempre depende da idade de suas ideias. Hoje, pessoas de todas as idades estão em dificuldade porque suas ideias não são apenas velhas, mas obsoletas." Robert Kiyosaki, autor de *Pai rico, pai pobre*

Então, que idade tem seu cérebro? Em outras palavras, qual é seu QJ — ou quociente de juventude? Só há uma maneira de descobrir: fazendo o teste que calcula sua idade cerebral.

Esse teste foi concebido a partir de consistentes pesquisas no campo das ciências sociais e fornece uma medida do QJ de seu cérebro. Aqui, o que importa não é a rapidez mental para resolver problemas matemáticos ou completar um jogo difícil de palavras cruzadas, mas a sua mentalidade.

Você deve responder a doze perguntas, escolhendo entre três alternativas. Cabe dizer que, ao propor esse teste, estamos presumindo que você queira tirar o melhor proveito deste livro. Entretanto, não tentamos camuflar o teste, e talvez seja evidente aonde a maioria das perguntas quer chegar. Por mais que seja tentador dar respostas que façam seu pensamento parecer mais jovem do que realmente é, NÃO CAIA NA TENTAÇÃO.

SEJA HONESTO. Dê respostas rápidas e espontâneas, que traduzam realmente o que você pensa ou faz. Não sendo honesto, você estará se privando da oportunidade de obter genuínas percepções que, por sua vez, vão estimulá-lo a fazer mudanças em sua vida.

As perguntas abrangem alguns dos mais importantes valores relacionados ao envelhecimento, ou seja, as várias afirmações são altamente reveladoras da idade. Ao respondê-las com franqueza, você estará revelando algo sobre sua personalidade e suas crenças. Suas respostas vão mostrar a que você dá importância em sua vida hoje e, consequentemente, situar a idade de suas ideias entre as de outras pessoas da mesma faixa etária.

É importante entender que o conceito de idade cerebral não envolve julgamento moral. Não diz se alguns valores são moralmente bons ou maus. Apesar disso, dá uma visão de nossos valores. Revela que certos valores são mais jovens e mais relevantes que outros para o mundo em que vivemos.

Fazendo o teste, você terá uma ideia de seu QJ atual. Trata-se de um instantâneo. No fim do livro, vamos convidá-lo a repetir o teste e verificar se você teve a oportunidade de injetar a sabedoria da juventude. O objetivo, naturalmente, é que, ao ler este livro e ao seguir seus conselhos, ocorra um rejuvenescimento mensurável de sua idade cerebral.

Aqui está o teste. Boa sorte.

Descubra o quociente de juventude do seu cérebro

1. Você é convidado a se juntar a um grupo de pessoas num passeio de um dia todo. Você só conhece as pessoas vagamente. Você:
   a. Dá uma desculpa e recusa o convite?
   b. Aceita, com a condição de poder convidar alguém que conheça bem (parceiro, amigo íntimo etc.)?
   c. Responde que vai adorar o passeio, já que quase sempre se diverte muito saindo em grupo?

2. Em uma festa de casamento, um grupo de crianças pede para você brincar de pular corda com elas. Você:

   a. Diz que não pode, porque não quer amassar e sujar a roupa do casamento?

   b. Se oferece para segurar uma ponta da corda enquanto as crianças pulam?

   c. Vai pular, aproveitando a chance de redescobrir sua criança interna?

3. Você se sente pressionado a dedicar mais tempo a uma boa causa. Você responde:

   a. Como é meu dever ajudar os outros, vou arranjar mais tempo.

   b. Por enquanto, preciso equilibrar a minha vida. Depois verei o que fazer.

   c. Para manter minha eficiência, é importante eu me ajudar. Portanto, não posso assumir mais trabalho.

4. Quando é lançado um novo produto eletrônico, qual é sua reação:

   a. Espero para ver. Depois que outros já o experimentaram e aprovaram, então posso comprar.

   b. Avalio suas vantagens e decido se ele vai ter utilidade para mim.

   c. Me interesso imediatamente e compro. Afinal, a gente nunca vai saber se é bom se não experimentar.

5. Como você definiria a personalidade que você cultiva em público? Você é:
   a. Muito profissional, direto e coerente.
   b. Alguém que tem um forte senso de ética e justiça social.
   c. Mais informal e brincalhão.

6. Em termos de formação e desenvolvimento pessoal, você se considera:
   a. Satisfeito com sua educação, sem necessidade de aprender mais.
   b. Entusiasmado com seu desenvolvimento, envolvido em cursos e leitor assíduo de livros sérios.
   c. Uma "esponja" que aprende instintivamente e está sempre questionando a razão das coisas.

7. "É importante levar a vida com divertimento, excitação e risco." Até que ponto você concorda com isso?
   a. Não concordo com essa afirmação; a vida é coisa séria.
   b. Tendo a concordar: a vida está aí para ser desfrutada.
   c. Concordo totalmente: é importante aproveitar a vida ao máximo.

8. Como você reage quando as coisas dão errado e seus planos cuidadosos correm o risco de fracassar?
   a. Fica frustrado e teima.
   b. Descobre quem ou o que é responsável pelo erro e tenta resolver o problema.
   c. Deixa-se levar pela maré; deve-se sempre esperar uma mudança de direção.

9. Em relação a pessoas e instituições em geral, você diria que nos últimos três anos você se tornou:
   a. Mais cético em relação aos outros?
   b. Disposto a dar aos outros o benefício da dúvida?
   c. Mais confiante nos outros?

10. Imagine que você tem que tomar uma decisão difícil sobre seu futuro. Como você toma essa decisão:
    a. Apenas com a razão?
    b. Ouve seus sentimentos, mas tenta decidir racionalmente?
    c. Dá vazão a seus sentimentos e tenta decidir com a intuição?

11. Você conhece um adolescente que é um verdadeiro sonhador. Como você reage:
    a. Aconselha-o a acordar e a manter os pés firmes no chão.
    b. Não interfere; cada um é como é.
    c. Estimula-o a continuar sonhando; os sonhos, a imaginação e o temperamento artístico devem ser cultivados.

12. Quando faz compras no supermercado, você:
    a. Compra os produtos e as marcas de sempre.
    b. Escolhe com cuidado as marcas e os produtos de que necessita.
    c. Experimenta marcas desconhecidas e novos lançamentos.

Descubra sua idade cerebral

Agora chegou o momento de descobrir se você tem um cérebro jovem, um cérebro velho ou algo entre os dois extremos.

É muito fácil calcular o seu QJ. Para cada resposta *a*, atribua-se 1 ponto; 2 pontos para cada resposta *b* e 3 pontos para cada resposta *c*. Some os pontos e descubra em que faixa de idade está seu cérebro. Dentro de cada faixa, veja o que esses resultados estão lhe dizendo em relação à sua idade cronológica.

QJ de 12-18 pontos: cérebro velho

Você deu mais respostas *a* e *b*, o que indica que seu cérebro pensa como o de um velho.

Se você tem mais de 65 anos: Embora sua idade cerebral seja coerente com sua idade cronológica, você está longe de se beneficiar da sabedoria da juventude. Para você, a vida está estável, previsível e em declínio. Você provavelmente se sente desligado de seu grupo social e com medo das mudanças que ocorrem à sua volta.

Se você tem entre 45 e 65 anos: Você está velho para a sua idade. Adote a sabedoria da juventude e esqueça os cremes antirrugas e o Sudoku até conseguir alguma mudança de mentalidade.

Se você tem menos de 45 anos: A não ser que você tenha optado por ser um conservador, esta é uma descoberta preocupante. Você provavelmente está muito defasado em relação aos seus amigos da mesma idade e prefere a companhia de pessoas mais velhas. Você pode ter a sensação de que está sendo ultrapassado, enquanto continua na pista de baixa velocidade. Existe o perigo real de que essa introversão o afaste totalmente dos outros e o impeça de desfrutar uma vida satisfatória.

QJ de 19-29 pontos: cérebro de meia-idade

Você deu muitas respostas *b* e partes iguais de respostas *a* e *c*. Seu cérebro pensa e age como uma pessoa de meia-idade.

Se você tem mais de 65 anos: Você tem um QJ mais jovem do que sua idade cronológica e compartilha alguns valores com as gerações mais novas. Embora resista a cair nos padrões de pensamento dos cérebros velhos, você ainda pode se beneficiar da sabedoria da juventude.

Se você tem entre 45 e 65 anos: Sua idade cerebral corresponde à sua idade cronológica. Você tem muito em comum com a maioria de seus amigos da mesma idade, mas acha que é difícil entender as novas gerações. Às vezes você se pergunta se não perdeu algo muito precioso à medida que envelhecia. É verdade: você perdeu. Perdeu a sabedoria da juventude.

Se você tem menos de 45 anos: Você está velho para a sua idade. Deveria ter a ousadia da juventude, mas se apegou a pensamentos, sentimentos e comportamentos de pessoas da meia-idade. Talvez você deva se perguntar o que aconteceu ao longo da sua vida que acelerou o processo de envelhecimento do seu cérebro.

QJ de 30-36 pontos: cérebro jovem

Você deu mais respostas *c* e só algumas *b*, o que indica um cérebro jovem.

Se você tem mais de 65 anos: As pessoas o consideram um eterno jovem. Você tem um bom relacionamento com pessoas mais jovens e com seus netos — se os tiver. Você se identifica com a sociedade atual e com suas mudanças, e provavelmente está envolvido na criação de algumas dessas mudanças. Você ainda deve estar trabalhando e envolvido em associações em sua comunidade. Você tem a sabedoria da juventude, mas este livro pode ajudá-lo a entender como isso aconteceu e a se manter nesse caminho.

Se você tem entre 45 e 65 anos: Você não se contenta com suas conquistas e continua se colocando à prova. Evitando o lento declínio em direção à meia-idade, você está em sintonia com seu tempo e provavelmente tem um bom relacionamento com os jovens, até mesmo com seus filhos. Os ensinamentos sobre a sabedoria da juventude que lhe daremos nos próximos capítulos o ajudarão a se manter em guarda e permanecer alerta.

Se você tem menos de 45 anos: Você é jovem e pensa jovem. Estando alinhado com a sua geração e com as mais recentes mudanças sociais, você está numa situação ideal para explorar tudo o que a vida tem a lhe oferecer. Positivo, cheio de energia e versátil, você é um exemplo da sabedoria da juventude. Continue lendo para nunca perder esse talento natural.

O que seu cérebro está lhe dizendo?

Supondo que você foi totalmente honesto em suas respostas e não escolheu as que lhe pareciam mais indicadoras de juventude apenas para se sentir melhor, talvez tenha descoberto que seu QJ é um pouco mais baixo do que você esperava, ou seja, que seu cérebro é um pouco mais velho do que você imaginava. Se você não tem um cérebro velho ou de meia-idade, com certeza não está sozinho — a maioria das pessoas aceita o lento e constante declínio em direção ao pensamento senil.

Por outro lado, se você está satisfeito com o seu QJ, não é o momento de descansar sobre os louros. Tornando explícita a sabedoria da juventude implícita, este livro vai ajudá-lo a evitar as armadilhas do envelhecimento e a se manter no caminho certo.

Ponto de partida pessoal

Para registro, anote o seguinte:

Dia do meu nascimento:

Meu QJ:

Minha idade cerebral (cérebro velho, jovem ou de meia-idade):

Agora, seja ambicioso e estabeleça sua meta:

O QJ que quero alcançar:

Ao longo deste livro, vamos nos referir a "cérebros jovens" em oposição a "cérebros velhos". Para simplificar, não vamos comparar os cérebros velhos aos de meia-idade todas as vezes que quisermos ilustrar as diferenças de mentalidade. Se você tem um cérebro de meia-idade, sua maneira de pensar estará entre o que descrevemos como cérebro jovem e cérebro velho.

Resumo

Resumindo o que analisamos até aqui:

- Vimos que a juventude e o envelhecimento são duas das questões mais importantes de nosso tempo.
- Entendemos que as estratégias convencionais contra o envelhecimento só são parcialmente eficientes e não vão realizar seu sonho de permanecer jovem.
- Aprendemos que o segredo de permanecer jovem é mudar de mentalidade e pensar jovem.
- Medimos seu QJ inicial e vimos as implicações de sua atual idade cerebral.
- Você estabeleceu uma meta para o seu QJ.

Nos próximos capítulos, vamos:

- Conhecer as seis sabedorias da juventude detalhadamente.
- Descrever cada uma delas e seus benefícios.
- Analisar as mentalidades que um cérebro jovem põe em ação.

- Mostrar os passos práticos e os arquetípicos que você pode dar para adotar essas mentalidades jovens e rejuvenescer!
- Resumir seus objetivos de rejuvenescimento.

Estão prontos para a grande mudança? Então vamos lá.

Capítulo 3

Navegação adaptativa

Fazia muito calor e os passageiros estavam furiosos. O voo para Porto Rico fora cancelado. A maioria deles passara as férias numa ilha do Caribe, mas o estado de espírito de descontração logo desapareceu. A raiva pouco a pouco se transformou em resignação. Haveria um atraso de 24 horas. No mínimo. Ficaram circulando por ali, "cozinhando a raiva em banho-maria", nas palavras de Robert Burns.

De repente, um dos passageiros surgiu com um quadro-negro, onde escreveu com um giz: "Virgin Airways 39 dólares para Porto Rico". Era Richard Branson, um dos decepcionados passageiros do voo. Em vez de ficar parado remoendo a raiva, tinha fretado um avião por 2 mil dólares, que, divididos pelo número de passageiros, resultara nos 39 dólares por pessoa. Nascia, assim, a ideia que daria origem à Virgin Airways.

Isso é navegação adaptativa em ação. Quando os planos dão errado, um cérebro velho se senta e fica furioso enquanto um cérebro jovem diz: "Tudo bem. A situação mudou. Vamos descobrir uma maneira de contornar a dificuldade".

Navegação adaptativa: usando a criatividade para sair de situações difíceis

Navegação adaptativa é o termo que usamos para descrever a mente que adota uma atitude flexível diante dos desafios e das mudanças que a vida apresenta. As abordagens tradicionais enfatizam que é preciso estabelecer uma meta e pegar o caminho mais reto em direção a ela. Este tipo de planejamento, porém, só funciona até o momento em que a vida intervém. Em outras palavras, quando acontece a mudança, tudo sai do rumo traçado e podemos ser obrigados a abandonar nosso plano.

A navegação adaptativa requer talento, reações e decisões rápidas, mas, acima de tudo, disposição de mudar. E, naturalmente, essa flexibilidade nunca foi tão necessária quanto é hoje.

Todo mundo sabe que mudanças acontecem, e que estão ocorrendo cada vez mais rápido, mas você já parou para pensar no que isso realmente significa? Vale a pena pensar por quantas mudanças você realmente passou na vida.

Pense por um momento no mundo de sua infância e tente lembrar como era o ritmo da vida naquela época. Quanto tempo uma mensagem demorava para chegar até você? Se voltarmos quarenta anos atrás, vamos lembrar que só uma minoria tinha telefone. Uma carta levava cerca de três dias para chegar ao destinatário, que demorava um dia para escrever a resposta, que levava mais três dias para voltar ao remetente. Hoje, você recebe um e-mail ou uma mensagem de texto imediatamente depois que ela foi enviada, e o remetente pode receber sua resposta em questão de segundos. As mensagens pelo MSN e pelo telefone celular criaram até uma nova arte de conversação.

Vamos ver o exemplo da fotografia. Já houve um tempo em que o rolo de filme podia ficar semanas ou meses dentro da câmera. Lembra-se disso? Então, para revelar o filme, era outra espera. Dias depois, você ia à loja e pegava 24 fotos preciosas do último Natal. Tudo isso parece inacreditável. Hoje tiramos não 24, mas 240 fotos, que podem ser vistas e projetadas na tela quase instantaneamente e enviadas a qualquer parte do mundo segundos depois.

Temos mais de duzentos canais de tevê — e não apenas os dois ou três de antigamente — e milhares de estações de rádio digital em todo o mundo, e não apenas uma ou outra estação local. Nossos supermercados vendem mais de 50 mil itens diferentes, quando há não muito tempo vendiam apenas 10 mil. Certas cadeias de supermercado lançam cerca de 3 mil novos itens em um único ano. E poderíamos continuar infinitamente.

A questão é a seguinte: as mudanças afetam nossa vida cotidiana muito mais do que pensamos. Tudo — produtos, empresas, situações — muda muito rapidamente. Portanto, planejar para o amanhã é uma estratégia de ontem. Afundar, emergir, contornar os obstáculos, pôr-se de pé, navegar adaptativamente — essas são as estratégias que pagam os dividendos mais altos hoje em dia.

O cérebro jovem entende que planejar é importante, no entanto, ao contrário do cérebro velho, não se perturba quando as coisas mudam e requerem adaptações. Em vez de ficar com raiva, o cérebro jovem diz: "Não há problema. Vamos esquecer o plano". Ele sabe que estar aberto às mudanças e estimulado por elas é mais produtivo para obter saúde, riqueza e satisfação do que se apegar à estabilidade a qualquer custo.

Aceite o novo

Todo mundo gosta de pensar que tem a mente aberta e aceita bem as novidades. Todos nós nos vemos como pessoas atualizadas, interessadas no que acontece no mundo e no que é novo. Essa crença confortável permanece conosco quando envelhecemos. Os fatos, porém, mostram que tudo isso é uma ilusão. Só os jovens aceitam incondicionalmente o novo.

% de concordância	15-17	18-24	25-34	35-44	45-54	55-64	+ de 65
Estou sempre buscando coisas novas	68	66	46	39	35	32	19

Fonte: Sociovision 3SC, Reino Unido, 2005.

Se você tem mais de 25 anos, isto é um alerta. Um terço dos jovens na faixa de 25 a 34 anos estão menos dispostos a procurar coisas novas do que os que estão no fim da adolescência e entrando na casa dos 20. Isso significa que, se você já passou dos 25, provavelmente está perdendo o entusiasmo pelas novidades.

Este capítulo apresenta o maior desafio. Se você conseguir praticar a navegação adaptativa e apreciar a mudança, as outras cinco sabedorias serão absorvidas mais facilmente. Se achar difícil, também terá mais dificuldade nas outras.

Pode ter certeza de que, de maneira alguma, subestimamos os desafios da tarefa. Algumas das questões que envolvem o envelhecimento mental e a perda da sabedoria da juventude precisam ser encaradas e exigem coragem. Nós — e você — precisamos ser honestos ao enfrentar essas questões. Existem coisas que todo mundo precisa ouvir. Se fingíssemos que é fácil, estaríamos lhe prestando um desserviço e privando você da oportunidade de melhorar sua vida.

A boa notícia é que é possível conseguir — não importa se você tem 30 ou 90 anos. Como mostramos no capítulo 1, o que é preciso é uma mudança de mentalidade. Um aumento de seu quociente de juventude — e o declínio da idade cerebral que isso traz — depende em grande parte de sua disposição de se abrir à sabedoria da juventude e empreender as ações que recomendamos para que elas possam se integrar a seu pensamento e a seu comportamento.

Não é fácil mudar, mas, se você tiver coragem de remodelar sua vida e vencer os obstáculos, reais ou imaginários, que parecem se erguer à sua frente, com certeza irá colher os benefícios desta primeira sabedoria da juventude.

O cérebro velho resiste à mudança

O cérebro velho ou de meia-idade costuma lutar contra a mudança e até rejeitá-la. Apesar dos sedutores benefícios da mudança, você pode resistir a esta primeira sabedoria da juventude. É natural a gente sentir certo pânico diante da proposta de mudar. Chegou o momento de parar de dirigir com o pé no freio. Soltando o freio, você vai achar a viagem mais agradável e o cenário mais interessante.

Entretanto, se você decidir continuar dirigindo com o pé no freio, provavelmente enfrentará duas consequências negativas.

Primeiro, você terá a tendência de ficar irritado e frustrado com os valores que o cercam. Talvez você ache o comportamento dos jovens deplorável. O cérebro velho convenientemente se esquece do que seus pais pensavam de seu próprio comportamento quando você era jovem. E do que seus avós achavam do comportamento de seus pais.

> "Todo velho se queixa da imoralidade do mundo, e da petulância e insolência das novas gerações." Dr. Samuel Johnson, 1709-1784

A segunda consequência de rejeitar a mudança é que você estará perdendo muita coisa que poderia lhe dar alegria e satisfação. Você rejeita a mudança, perde os benefícios e acaba ficando com muita raiva quando vê os outros se divertindo.

Para que um cérebro velho salte para este nível de liberdade, a navegação adaptativa — planejar com flexibilidade, usar a intuição e ter receptividade — é um objetivo bastante razoável. E talvez o tranquilize saber que isso é possível.

Pressionado a se adaptar a um mundo em mutação, o cérebro velho ergue-se contra as ondas da mudança e resiste a elas. Já o cérebro jovem surfa nas ondas. E, quando tiver aumentado seu quociente de juventude, você também o fará.

Os benefícios da navegação adaptativa

Ao utilizar uma abordagem mais adaptativa, você não só evita as frustrações, mas ainda se beneficia das coisas positivas que ela traz. São muitas, porém as principais são as seguintes:

- O planejamento da vida é mais realista e mais livre.
- O estresse diminui porque as mudanças acontecem e você pode se beneficiar delas. Você sentirá gratidão em vez de medo.
- Novas situações trazem muito mais diversão.
- Entrar intuitivamente em sintonia com a maneira como as coisas funcionam traz satisfação.
- Uma zona mais ampla de conforto significa mais experiências agradáveis, menos constrangimentos e mais excitação.
- Evitar a negatividade previne contra ações que estão fadadas ao fracasso.
- Substituir o que é velho e não funciona mais por produtos, serviços e ideias que ofereçam soluções inovadoras para os problemas cotidianos.
- Melhorar o relacionamento com o sexo oposto e descobrir talentos inesperados.
- Participar mais da vida de seus filhos e netos.
- Despertar para alguns dos desafios futuros da sociedade e estar preparado para desempenhar o seu papel.
- Finalmente, a sensação de estar ativo, e não mais caminhando pela vida como sonâmbulo.

Três coisas importantes se fazem necessárias para que você possa desfrutar desses benefícios da navegação adaptativa. A primeira é abandonar as zonas de conforto. A segunda é estar receptivo a um realinhamento de valores. E a terceira é adotar as três mudanças de mentalidade de um cérebro jovem. Vamos examinar esses três requisitos, um de cada vez.

Abandone as zonas de conforto

É importante compreender que, no início, quando a pessoa se abre à mudança, provavelmente estará fora de sua zona de conforto. Não se preocupe. Com a repetição, a coisa fica mais fácil e mais divertida. Você vai se sentir cada vez melhor e se perguntar como fazia sem os imensos estímulos que a mudança pode trazer a tantas áreas da sua vida.

Isso é verdade para quem tem 30, 60 ou 90 anos porque, se você quer se beneficiar da sabedoria da juventude e se abrir às pontencialidades de um cérebro jovem e engajado, terá que enfrentar o medo de perder seu porto seguro. Vamos examinar algumas zonas de conforto em que você talvez tenha se refugiado sem perceber quanto elas o estão isolando das realidades do mundo.

- A crença tranquilizadora de que suas opiniões são corretas e as únicas que uma pessoa sensata pode ter (sem abandoná-la, a mudança de mentalidade será muito difícil).
- A crença de que sua maneira de fazer as coisas é a correta.

- A crença cuidadosamente alimentada (e talvez inconsciente) de que você é superior aos outros (mais bem-sucedido, mais admirado).
- A crença em velhas certezas em questões de saúde, educação e classes sociais.
- A crença na importância da posição ou da autoridade que você tem em seu trabalho ou em sua família.
- O sentimento de superioridade financeira (tamanho do carro ou da casa), mesmo só sendo capaz de sobreviver por dois ou três meses em caso de desemprego repentino.
- O sentimento de que os antigos caminhos são os melhores.
- A ideia de que os jovens nada têm a oferecer e têm tudo a aprender.
- A noção de que, à medida que envelhecemos, ficamos mais sábios.
- A convicção de que, se você se encolher e não fizer nenhuma mudança, pode evitar que coisas ruins aconteçam em sua vida.

Comece a expandir suas zonas de conforto

Se você está aninhado em uma ou mais dessas zonas de conforto, não se preocupe. É compreensível. Todos nós estamos. Nossa mensagem, porém, é simples. Se estiver preparado para mudar, suas chances de sucesso — e sua satisfação — vão aumentar.

O pensamento acomodado é mais ou menos como um alimento doce e gorduroso. Dá uma sensação de prazer, mas você vai acabar pagando o preço quando suas artérias ou, no caso do pensamento acomodado, suas conexões neurais começarem a ficar bloqueadas.

Portanto, eis uma lista de ações que vão ajudar você a sair das zonas de conforto em que se refugiou sem perceber:

- Comece a se perguntar "Por que não?" quando confrontado com maneiras novas de fazer as coisas, em vez de dizer imediatamente "não".
- Diante de uma situação nova e desafiadora, pergunte-se se não haverá uma maneira diferente ou melhor de lidar com ela do que sua reação imediata e pré-programada.
- Comece a procurar as vantagens na maneira como outras pessoas fazem as coisas ou reagem a situações.
- Pergunte a todo mundo sobre tudo — você vai se surpreender com o que vai aprender.
- Pergunte a si mesmo: "E se eu estiver errado a respeito disso?".
- Tente dar aos outros o benefício da dúvida quando fazem as coisas de maneira diferente da que você faria.
- Comece a confiar mais nos outros — talvez eles não estejam sendo intencionalmente maus ou grosseiros.
- Tente variar na escolha de jornais, revistas e canais de TV para ter pontos de vista diferentes sobre o que acontece no mundo.

Esteja receptivo a um realinhamento de valores

O que vamos lhe pedir agora é que esteja disposto a atualizar seus pontos de vista, valores, atitudes e, consequentemente, seu comportamento, de modo que estabeleça maior empatia com o que está à sua volta. Algumas mudanças podem ser significativas; outras talvez sejam ajustes pequenos, mas importantes; e outras, ainda, serão reavaliações e reinterpretações. À medida que você ficar mais sintonizado com o que acontece ao seu redor, vai achar a vida menos estressante (para começar, vai ficar bem menos mal-humorado), mais gratificante, mais satisfatória. Trata-se de uma sabedoria profunda, que vale a pena o esforço.

A essa altura é bastante possível que você esteja pensando: "Mudar meus valores?". É exatamente essa a ideia. Então, por favor, respire fundo e confie em nós. Não vamos lhe pedir que faça algo imoral. Desconfortável talvez, mas não imoral.

Reavaliar certos valores profundamente arraigados pode exigir certo esforço de nossa parte. Mudar ou adaptar valores, atitudes e comportamentos mexe com o cerne de uma pessoa. Por isso, vá com cuidado.

A primeira coisa a fazer é descobrir que valores o estão impedindo de fazer as mudanças necessárias para desfrutar melhor a vida e tornar-se uma pessoa mais receptiva e mais envolvida com os outros.

Para isso, primeiro pense e depois escreva em um papel os dez valores que você considera mais caros ao seu coração. Não é tarefa que se cumpra em cinco minutos, mas é importante. Então não deixe para depois.

Eis exemplos de alguns valores extraídos do site, contudo há muitos outros que você pode considerar. Esta lista, porém, pode ser o ponto de partida para sua reflexão.

- afeição
- altruísmo
- amabilidade
- austeridade
- autocontrole
- autoestima
- autonomia
- bondade
- coerência
- competência
- confiabilidade
- conhecimento
- cooperação
- cultura
- dedicação
- desafio
- desenvolvimento pessoal
- dinheiro
- disponibilidade
- diversão
- doação
- empatia
- entusiasmo
- equilíbrio
- espiritualidade
- espírito de aventura
- espírito empreendedor
- espontaneidade
- excelência
- fama
- família
- felicidade
- fidelidade
- honestidade
- humor
- iconoclastia
- inclusão
- independência
- iniciativa
- integridade
- justiça
- lealdade
- liberdade
- liderança
- ordem
- percepção artística
- planejamento
- prazer
- preservação
- qualidade
- receptividade
- reconhecimento
- respeito
- responsabilidade
- sabedoria
- satisfação
- saúde
- segurança
- tradição

Escolher dez valores nesta lista não é fácil. Muitos deles parecem atraentes e compensadores. A questão é que você está tentando chegar o mais perto possível de quem você é e do que defende. O que é realmente importante para você? O que sustenta sua vitalidade e define sua singularidade como ser humano?

Depois de escolhidos os dez principais valores para sua vida, os valores secundários (os menos importantes para você) irão exigir um certo esforço neste trabalho de mudança interior.

Entretanto agora se concentre nos dez valores mais importantes e coloque-os em ordem de prioridade. Esse é outro desafio, porque todos lhe parecerão igualmente importantes. Mas não desanime porque, uma vez escolhidos os três ou quatro primeiros, você vai começar a perceber o que o motiva num nível mais profundo.

Depois de indicar o que é importante, você saberá se algum desses valores o está impedindo de aumentar seu quociente de juventude, o que vai lhe mostrar em que campo você precisará trabalhar com mais afinco.

É preciso entender que *seus valores vão — e devem — mudar com o tempo*. Não se preocupe, isso é natural. Na verdade, é exatamente isso que o tornará capaz de mudar sua mentalidade e adotar a sabedoria da juventude. E você vai mudar de novo no final de um ano. Se alguns valores saírem da sua lista, isso não significa que não sejam importantes, apenas que outros mais importantes ocuparam o seu lugar.

Como exemplo, eis uma lista dos dez valores que alguém poderia considerar mais importantes no momento. Sua lista poderá ser muito diferente da que vamos citar

— na verdade, pode ser interessante compará-las antes de continuar.

Lista hipotética

família	reconhecimento
dedicação	satisfação
honestidade	equilíbrio
confiabilidade	responsabilidade
lealdade	respeito

Os valores dessa lista são todos positivos, definindo assim a pessoa que os defende como um bom e preocupado cidadão, disposto a devolver algo do que conquistou à sociedade. Assim é essa pessoa nesse momento: sua vida tem significado, e seus valores indicam uma vida bem vivida.

Aprendendo e pondo em prática as lições apresentadas ao longo deste livro, essa pessoa pode vir a dar importância a outros valores. Seus valores podem evoluir para algo como:

família	receptividade
dedicação	conexão
diversão	doação
satisfação	disponibilidade
entusiasmo	reconhecimento

Trata-se da mesma pessoa, mas seus valores evoluíram à medida que ela adotou a Sabedoria de Juventude. Ela ainda conserva muitos de seus valores — família e dedicação, por exemplo —, mas outros, como diversão e disponibilidade, ganharam importância para ela.

Antes de adotar mudanças que aumentaram seu quociente de juventude, é provável que diversão e disponibilidade não figurassem entre seus vinte ou trinta valores mais importantes. Ao mesmo tempo, confiabilidade e equilíbrio perderam importância, dando lugar a valores mais vibrantes e juvenis.

Da mesma forma, se você desse uma olhada nos dez valores que as empresas consideravam mais importantes no fim do século passado, encontraria valores como gerenciamento, tradição e herança. Hoje, como a sociedade mudou, esses valores podem ter sido substituídos por outros, como liderança, inovação e criatividade.

O gerenciamento, por exemplo, ainda é importante, contudo se baseia em controle e autoridade do cargo. Como no mundo desenvolvido atual as pessoas tendem a ter uma mente mais independente, mais assertiva e mais individualista, a liderança é uma maneira muito mais eficiente de construir empresas de sucesso. Isso porque a liderança se baseia mais no apoio do que no controle, e mais na inspiração e na persuasão do que nas ordens de um chefe. Assim sendo, é mais relevante para a maneira como a sociedade evolui.

Naturalmente, os princípios das boas organizações — como a integridade — não mudam com o tempo.

Os valores pessoais, como já vimos, podem mudar com muita rapidez em períodos relativamente curtos. No mundo desenvolvido, não julgamos mais correto submeter os filhos a castigos corporais. Hoje estamos nos conscientizando que as pessoas devem ser tratadas como iguais independentemente de sua cor (embora, não muito distante no tempo, na Segunda Guerra Mundial, o exército dos Estados Unidos segregasse os soldados por cor, ou seja, brancos e negros não podiam lutar lado a lado, muito menos socializar), raça, sexo, opção sexual, religiosa etc.

As mulheres estão hoje, em muitas partes do mundo, em pé de igualdade com os homens no mundo do trabalho e da política. Mesmo em um país supostamente civilizado como a França, as mulheres só tiveram direito ao voto na década de 1950. Mais recentemente, a sociedade passou a considerar inaceitável (e, em alguns países, até proibido) fazer piadas discriminatórias sobre deficientes físicos ou mentais, minorias religiosas ou grupos raciais. Entretanto, numa época não tão distante, o repertório de muitos comediantes estava recheado de piadas sobre raça, religião e deficiência física.

Foram importantes mudanças de valores que transformaram tanto a sociedade em que vivemos quanto nossas atitudes e comportamentos em relação aos membros de nossa sociedade.

Você, por exemplo, pode defender valores como coerência e lealdade. Eles continuarão sendo importantes para você, mas podem ser desbancados da lista dos dez por valores como espontaneidade e humor. Você não está buscando uma reforma geral — apenas uma atualização. Na verdade, alguns valores não vão mudar.

Então, assim que você tiver listado seus dez valores e princípios mais importantes, pense em aspectos da sociedade que, na sua opinião, são inquietantes e irritantes. Confronte esses aspectos com a sua lista. Será que ela se choca com algum deles? Em caso positivo, trata-se de um princípio do qual você não pode abrir mão ou de um valor que você pode reconsiderar à luz dos sentimentos e comportamentos da maioria de seus contemporâneos?

Alguém pode estar preocupado com a mudança significativa que representa ter câmeras de vigilância em locais públicos. Provavelmente, um dos valores de sua lista é a privacidade. Por outro lado, essa pessoa pode vir a reconhecer que o mundo mudou e que certas liberdades devem ser sacrificadas em nome do objetivo maior da segurança. Talvez surja a necessidade de conciliar o bem comum e o bem público.

Assim, depois de uma cuidadosa reflexão, essa pessoa pode chegar à conclusão de que as câmeras de vigilância não conflitam com seus valores, mas são compatíveis com eles. Afinal, ela se sente mais segura ao atravessar um pátio de estacionamento quando vê uma câmera pendurada num poste. Nesse caso, ela acompanha os rumos da sociedade moderna e aceita o aumento do número de câmeras em locais públicos.

A privacidade pode continuar na sua lista de valores, mas a maneira como ela é aplicada ao mundo moderno pode ser mais abrangente e mais relevante do que era antes. O mundo moderno é mutável e fluido, e a aplicação de valores precisa se adaptar a isso com a mesma rapidez.

Portanto, examine o que você julga perturbador ou irritante nos comportamentos da sociedade à luz da sua lista de valores para decidir se pode modificar suas opiniões e ações sem violar nenhum dos seus princípios mais fundamentais.

Vamos ser claros. Não estamos sugerindo que você deva aceitar ou adotar todas as mudanças. Há mudanças boas, neutras, ruins e até perigosas. Se a mudança que você está analisando contraria tudo o que você mais preza e, de fato, é moralmente repulsiva, então, rejeite-a totalmente.

O que estamos sugerindo é que você procure o que existe de bom na mudança.

Daqui em diante, cuidadosa e racionalmente, examine a evolução dos valores sociais que atravessam sua tela de radar e verifique sua aceitabilidade moral (se não há conflito com seus princípios). Se o conflito for inexistente, ou muito pequeno, siga a corrente. Faça essa mudança em sua vida a partir de hoje.

Adote três abordagens da navegação adaptativa

Já que a navegação adaptativa trata de fazer mudanças, precisamos examinar o que, quem e como. O **que** refere-se ao planejamento, e um cérebro jovem usa uma abordagem que chamamos de "vida leve". O **como** refere-se à tomada de decisões, e um cérebro jovem toma o que chamamos de "decisões realistas". Finalmente, o **quem** diz respeito a assumir papéis e responsabilidades. O cérebro jovem tem uma visão flexível sobre **como** as tarefas devem ser distribuídas e, em um casal, essa distribuição pode ser chamada de "intercâmbio de papéis sexuais".

Todo mundo pode mudar, e você não é diferente. Se perceber que está apegado a valores de um cérebro velho, essas três abordagens de um cérebro jovem (vida leve, decisões realistas e intercâmbio de papéis sexuais) vão ajudá-lo a rejuvenescer. Lembre-se: são abordagens testadas e aprovadas pelos cérebros jovens. Se você está se sentindo sobrecarregado, coloque a navegação adaptativa no cerne de seu pensamento. Vamos lhe mostrar como fazer isso. Apenas ponha em prática as ações que sugerimos ao longo deste capítulo sob o título "Vivendo a sabedoria".

1. Uma vida leve

Todos nós temos zonas de conforto. Às vezes, elas são zonas de desconforto. Trata-se de algo desconfortável, mas não a ponto de provocar uma mudança. Vamos começar investigando os sinais da maneira de pensar do cérebro velho:

> **Desafios de uma vida leve**
> 1. Sua autoimagem sairia machucada se você perdesse o emprego?
> 2. Você é capaz de sair de um relacionamento emocional difícil com firmeza, mas de uma maneira limpa?

Ainda sobraram algumas marcas do cérebro velho a suavizar? Bem-vindo à raça humana.

Costuma-se dizer que as pessoas que temem a mudança são as que têm mais a perder. Há executivos de sucesso que passam a maior parte do tempo no trabalho se protegendo. Uma rica comunidade rural pode lançar uma campanha contra os planos governamentais de instalar uma estação eólica. Por outro lado, jovens de 20 e até de 30 anos jogam tudo para cima e passam um ano viajando pelo mundo. E por que não? Não têm quase nada a perder.

Entretanto, a sabedoria da juventude nos ensina que não é o que temos a perder hoje que importa. O que você precisa levar em consideração é o que vai perder no futuro se não mudar. Fique imóvel e com certeza você vai ficar para trás. Não mude nada em sua vida e logo os medos e ansiedades vão se acumular. Fugindo da mudança, você sacrifica o futuro no altar do passado.

Ninguém deve temer a mudança. Em qualquer estágio da vida, e não importa o que tenha a perder, esforce-se para se sentir confortável com as mudanças. Aprenda a se divertir com elas. Ser flexível é a única maneira de melhorar seu futuro. Um cérebro jovem tem essa mensagem codificada no seu DNA. Ela está lá, bem no fundo — você só tem que redescobri-la.

> "Só um general flexível, que saiba adaptar sua estratégia às novas circunstâncias, pode comandar suas tropas à vitória." Sun Tzu, *A arte da guerra*, 500 a.C.

Não vamos fingir que é fácil. A mudança pode dar uma sensação estranha e desagradável. Significa que você não pode fazer as coisas como sempre fez. Mas talvez seja parecido com a compra de um carro novo. De repente, você não consegue mais dirigir sem pensar: a maneira automática como você vinha dirigindo não funciona mais porque você precisa pensar onde estão os controles e a mudança de marcha precisa ser feita num momento diferente. Durante algumas semanas, isso exige um certo esforço mental. Mas você sabe que vale a pena porque o novo carro será mais seguro, eficiente e agradável de dirigir quando você se acostumar com ele.

Diante de um carro novo, você pode pensar: "Sei que preciso de um carro novo, porém olho para este manual de instruções e não consigo encontrar o botão que liga o desembaçador do vidro traseiro". Mas também pode pensar: "Fantástico! Este carro é muito melhor que o antigo. Mal posso esperar para testar as novidades e checar sua eficiência". Tudo depende da maneira como você reage quando um desafio acontece — ou o que você faz quando precisa fazer alguma coisa acontecer.

> **VIVENDO A SABEDORIA**
>
> Adquira o hábito de fazer mudanças em sua vida mudando conscientemente pelo menos uma coisa, não importa quão pequena, todos

> os dias. A partir daí, mudar as coisas mais importantes será natural. A prática faz a perfeição!
> As possibilidades de pequenas mudanças são infinitas, mas eis alguns pontos de partida: experimentar uma nova marca de creme dental, ir a pé ou de bicicleta para o trabalho, temperar os ovos fritos com *tabasco*, convidar um parente distante para almoçar, trocar sua coleção de DVDs com alguém, visitar um site novo, ficar acordado até tarde para assistir a um programa de TV que você não costuma ver. Acho que você já entendeu como funciona.

Nada a perder

A abordagem da vida leve abrange muitas coisas. Significa, por exemplo, planejar sua vida como se não tivesse muito a perder. Pense em pessoas que você conhece que ainda estão conquistando coisas na vida. São cérebros velhos apegados ao que já conquistaram? Ou são pessoas que estão sempre arriscando alguma coisa? Todos nós sabemos que os milionários são muitas vezes ex-falidos. Os poucos políticos em que confiamos têm a nossa consideração porque estão preparados para colocar sua reputação em risco ao assumir novas causas com coragem. Só consegue construir uma carreira de sucesso quem se arrisca e aprende com os fracassos. Os exemplos de vida leve estão por toda a parte. No mundo empresarial, duas novas ideias despertam grande interesse: a destruição criativa e a conta zero. Ambas partem do ponto de vista de que uma boa maneira de criar algo novo é destruir o que já existe e começar do nada.

Para construir o sucesso, os executivos estão sendo solicitados a pôr de lado conquistas passadas e começar de uma página em branco, como se não tivessem nada a perder. Essa é a maneira de pensar de um cérebro jovem. Por que não imitá-la? O que você faria se perdesse todas as suas economias? Ou se sua casa fosse destruída por um furacão?

No entanto, é muito mais fácil apegar-se ao que já conhecemos. Abandonar um hábito ou uma rotina pode ser uma decisão difícil, uma grande perda. Se você escolhe sempre os mesmos pratos em um restaurante ou passa as férias sempre no mesmo lugar, está sofrendo dessa síndrome. A casa de férias faz parte da bagagem restritiva de um cérebro velho. Que tal se livrar dela e ir a um lugar diferente? E, quando estiver lá, que tal experimentar um ou dois pratos diferentes do cardápio? O que mais você vai perder a não ser seu cérebro velho? Vá em frente. Aceite o desafio de fazer algumas dessas pequenas mudanças e sinta-se uma nova pessoa.

VIVENDO A SABEDORIA

Não planeje o próximo fim de semana como todos os anteriores. Descubra uma atividade que você não faz normalmente — mesmo que seja um simples passeio com o cachorro do vizinho! Você não tem nada a perder.

Rejeite fincar raízes

O cérebro jovem costuma, quando possível, rejeitar atitudes e comportamentos que podem tornar seus planos lentos ou irrelevantes. Quem adota o planejamento vida leve diz: "Deixe-me o mais livre e leve possível para que eu possa reagir rapidamente e tirar vantagem da mudança".

Por exemplo: um cérebro jovem prefere alugar uma casa ou apartamento a optar pela compra. Por quê? Simplesmente porque assim pode levantar acampamento quando uma boa oportunidade se apresentar. Assim, não será uma presa fácil se a economia local sofrer um repentino colapso. Um cérebro jovem flexível simplesmente se muda para onde há prosperidade. O cérebro velho, com raízes profundas, fica onde está e toma o remédio. Não estamos sugerindo que venda sua casa ou apartamento e ponha o pé na estrada. Mas, se uma boa oportunidade se apresentar, você pode muito bem alugar sua casa por um tempo e tentar a vida em outro lugar. Não se trata de imitar despreocupadamente tudo o que os jovens fazem, em qualquer circunstância; trata-se de entender em que padrões deteriorados podemos cair e sacudi-los para longe sempre que possível.

Esta rejeição também se nota no mercado de trabalho. Os empregados de cérebro jovem estão se recusando a se comprometer incondicionalmente com sua carreira ou com seu empregador. Sabem que sua lealdade raramente será retribuída (como comprovam as políticas de redução de pessoal de muitas empresas) e que o emprego de uma vida toda é coisa do passado. Desse modo evitam fincar raízes e preferem só planejar o próximo passo na carreira. Aceitarão a primeira boa oportunidade que surgir. A atitude desses funcionários é "navegação adaptativa" em sua melhor forma.

> Um exemplo da falta de comprometimento dos empregados de hoje foi dado recentemente pelo diretor de recursos humanos de uma multinacional de cosméticos. Ele tinha contratado uma funcionária com um currículo perfeito, mas que, depois de seis meses no emprego, não correspondera às expectativas e não parecia plenamente comprometida com a empresa. Quando questionada, ela informou que aceitara o emprego porque era o mais próximo da sua casa!
>
> Para um cérebro jovem, isso faz todo o sentido. Ver a vida holisticamente — e não pelo prisma de um emprego vitalício — é uma boa medida. Afinal, é melhor você encontrar um emprego que se adapte a seu projeto de vida do que adaptar sua vida a um único emprego.

> Diante dessa atitude, os executivos mais velhos veem com desconfiança os executivos jovens. Mas o que o cérebro velho não entende é que o comportamento livre do cérebro jovem é uma reação realista e quase sempre eficiente ao dinamismo do mercado de trabalho, bem como à necessidade de encontrar satisfação e significado dentro e fora do trabalho.

Esta rejeição de raízes está presente em toda a sociedade. Por exemplo: optar por viver uma vida de solteiro em vez de se comprometer com um casamento apressado, decidir não ter filhos, diminuir a fidelidade às marcas, mudar de lado numa eleição. Na verdade, qualquer ação que o afaste de rotinas e hábitos passados significa um passo em direção a uma vida leve e sem raízes.

Além disso, gostemos ou não, as raízes rejeitadas pelo cérebro jovem são quase sempre costumes e valores tradicionais defendidos pelos mais velhos. São regras ditadas pela tradição e, em alguns casos, inúteis.

Um desses valores tradicionais é a constância. A nobreza de uma reação estoica diante das vicissitudes da vida, prezada pelos cérebros velhos, baseia-se na crença de que é importante manter a tranquilidade sejam quais forem as circunstâncias. Isso revela controle das próprias emoções e dá aos outros a certeza de que, em qualquer situação, podem confiar em você e na constância do seu caráter. O sistema particular de ensino na Inglaterra construiu o caráter dos colonialistas britânicos com base nessa crença.

> Um ótimo exemplo dessa construção de caráter ocorreu durante a Batalha de Waterloo. No calor da luta, lorde Uxbridge, ao perceber que tinha sido atingido por um tiro, voltou-se para o duque de Wellington e disse: "Por Deus, senhor, perdi uma perna". Ao que Wellington respondeu: "Por Deus, senhor, de fato".

Um cérebro jovem rejeita esse tipo de contenção emocional. Se uma situação o estimula, ele fica excitado. Se é insultado, fica com raiva. Para ele, as emoções humanas são... bem... humanas, e privar-se dos sentimentos é ir contra a livre expressão de sua personalidade. Rejeitar a obrigatoriedade da constância permite ao cérebro jovem sentir o mundo que o cerca, interagir com ele emocionalmente e envolver plenamente sua paixão e seu entusiasmo em tudo o que faz ou planeja.

Em um mundo em constante mudança, a ortodoxia do passado perde força e importância. Como vimos, certos princípios e valores — justiça, bondade, honestidade, solidariedade — são eternos, mas outros não o são, como segurança, autocontrole, exatidão, tradição (em interesse próprio).

Como dissemos, isso significa que todos nós precisamos, de vez em quando, questionar a oportunidade e a utilidade de certos valores e estilos de vida.

Talvez você preferisse não ter que se fazer perguntas tão difíceis. Talvez você preferisse viver em um mundo onde o passado ainda fosse importante e onde se manter fiel a seus valores, apesar das críticas, e apoiar incondicionalmente valores tradicionais é motivo de orgulho. Mesmo quando você sente em seu coração que eles não são mais pertinentes para algumas das questões que a sociedade nos coloca hoje em dia.

Entretanto, a questão é que se manter cegamente apegado ao passado costuma ser inútil. O mundo gira tão depressa que mudar, modificar e renovar são hoje as únicas abordagens significativas, capazes de nos ajudar a alcançar eficiência.

> **VIVENDO A SABEDORIA**
>
> Liberte-se de obrigações familiares ou sociais, costumes e tradições que o estejam limitando e mantendo enraizado no passado.

Primeiro encerre, depois crie

Finalmente, uma vida leve depende de saber *primeiro encerrar e depois criar*. Um cérebro jovem sabe que a vida é complexa, e por isso quer torná-la o mais simples e clara possível. Isso significa ir em frente. Significa rejeitar a tirania do passado e libertar-se.

Um exemplo óbvio é o término de um relacionamento. Quantas pessoas são consumidas pela dor do divórcio? Incapazes de encerrar a relação, os divorciados escondem na alma amarguras e recriminações. A mudança se torna impossível porque o pensamento volta sempre ao que o ex-parceiro disse ou fez.

Ninguém deve subestimar o sofrimento de alguém que rompe um relacionamento amoroso, mas remoer continuamente o passado não é a melhor maneira de enfrentar futuros desafios. Imobilizado, o divorciado coloca uma barreira imensa no caminho que o conduziria a um novo e gratificante relacionamento.

O cérebro jovem também sofre com o rompimento, é claro, mas tem uma capacidade maior de recomeçar. E sua técnica é simples e eficaz. Primeiro encerrar, depois criar, ou seja, encontrar uma maneira de fechar um capítulo — no caso de um relacionamento, isso pode significar provocar o divórcio. Cruel? Sim. Mas viver na infelicidade não é a maneira de se preparar para o futuro com otimismo. Num outro nível, pode significar ter uma discussão com o chefe para clarear a situação, encarar as questões que estavam debaixo do tapete e pôr as coisas de novo em movimento. E também pode, por mais triste que seja, dizer adeus a um amigo que o esteja impedindo de crescer.

Num nível mais prosaico, encerrar e criar é realizar uma simples faxina doméstica. Gostamos de acumular coisas. Nossos armários e gavetas estão cheios de objetos inúteis. Um belo dia, decidimos enfrentar uma faxina completa e mandar todo aquele lixo... para a garagem! E lá ele fica, apodrecendo, por muitos anos mais. Nunca se sabe. Um dia aquela velha caneca de porcelana pode ter alguma utilidade. Ou talvez alguém venha a precisar daquele carrinho de bebê.

Os que vivem uma vida leve sabem que isso é loucura. E você também sabe. Instintivamente, você sabe que tanto lixo amarra você ao passado. Faça-se a seguinte pergunta: como eu me senti da última vez que criei coragem e joguei fora aquela velha poltrona comida pelas traças, aquela luminária enferrujada, aquelas calças tamanho 38? Admita. Você se sentiu livre e um pouco mais leve.

É disso que estamos falando. Toda essa velharia só mantém você preso ao chão. Se você quer experimentar a sensação de flutuar em liberdade, precisa encarar essa faxina doméstica sem compaixão. E o melhor é que pessoas da família em dificuldade, amigos necessitados, uma organização de assistência social ou uma cooperativa de reciclagem podem se beneficiar da tralha que você joga fora.

Por outro lado, o vácuo que você cria com essa faxina geral pode ser preenchido por coisas mais significativas, mais relevantes para a sua vida atual. Lembre-se: primeiro, encerre; depois, crie.

Em resumo, levar uma vida leve significa deixar entrar na sua vida apenas o essencial — ou seja, as coisas e as pessoas que vão ajudar você a seguir em direção ao futuro como um ser humano mais feliz, mais satisfeito e mais eficiente.

> **VIVENDO A SABEDORIA**
>
> Faça uma grande faxina em casa e jogue fora tudo (mas tudo mesmo) que você esteja acumulando e não tenha mais utilidade. Então saia e compre uma linda peça de decoração para criar um ambiente totalmente novo em sua casa.

2. Decisões realistas

Sim, você voltou a uma zona de conforto. Então eis mais duas perguntas que você deve se fazer:

> 1. Você se sente feliz tomando decisões rápida e intuitivamente, sem analisar todos os fatos?
> 2. Você tem medo do confronto (e a sensação de que a única maneira de se impor é tirar vantagem do fato de ser mais velho)?

Um cérebro jovem toma decisões realistas, ou seja, toma decisões com base em uma avaliação realista da situação. Assim como um filhote de animal sente o perigo no ambiente percebendo os indícios mais sutis, um cérebro jovem é rápido, intuitivo e inteligente. Procura atalhos para analisar a situação que se apresenta e toma decisões instintivas com base nessa visão instantânea.

A sabedoria da juventude nos mostra que uma abordagem paciente, estruturada e lógica aos problemas tem cada vez mais limitações no mundo moderno. A chamada metodologia científica defendida por muitos cérebros velhos fez um ótimo trabalho ao longo dos anos. Hoje, porém, quase sempre é perda de tempo. Em um mundo onde enfrentamos dezenas — ou mesmo centenas — de escolhas diariamente, as decisões precisam ser rápidas e intuitivas. Diante do impressionante número de opções de bebida no Starbucks, a emoção sempre supera a análise.

Para um cérebro jovem, não se pode mais confiar na análise racional para tomar a melhor decisão. Imagine, por exemplo, que você colecione esculturas africanas e acabou de encontrar uma num antiquário, mas ela é cara demais para o seu bolso. Por outro lado, como ela está levemente danificada, você não se sente totalmente seguro de que ela vale o preço que está sendo cobrado. Finalmente, a escultura em questão não é exatamente o objeto de sua coleção. Então, você começa a pensar e a andar em círculos com a sua lógica. Depois, pega papel e caneta, divide a página em duas colunas e vai anotando os prós e os contras. Uma semana se passa. Compro ou não compro? O que mais posso fazer com esse dinheiro? No fim, para seu desgosto, a escultura é adquirida por outro colecionador. Este é um caso de raciocínio lento e rápido arrependimento.

A lógica pode amarrar você. Instintivamente, o cérebro se pergunta: O que eu desejo? Sim, eu desejo ter outra escultura africana. Qual a melhor maneira de adquirir uma? Com certeza não seria num antiquário perto de casa. É melhor entrar num site de comércio eletrônico. Resultado: o colecionador encontra e compra uma escultura Igbo em perfeito estado pela metade do preço. Ele não precisou de nenhuma lista de prós e contras: o instinto lhe disse que era uma compra inteligente e com menor risco. Nenhuma outra argumentação foi necessária.

> **VIVENDO A SABEDORIA**
>
> Da próxima vez que você precisar tomar uma decisão importante, tente fazer o seguinte: em vez de comparar uma e outra opção, explore se não existe uma "terceira via". Descubra uma possibilidade mais inteligente, que pode estar fora da óbvia bipolaridade de opções.

Esteja disposto a mudar

Ser sábio nas decisões significa conhecer o terreno em que se está pisando. Enquanto um cérebro velho se sente confortável por ter estabilidade, o cérebro jovem sabe que a mudança é a única constante — e portanto a disponibilidade para a mudança é a única estratégia possível.

O cérebro jovem acha que a estabilidade é para os pássaros. As evidências estão por toda parte: executivos que perdem o "emprego de toda a vida" por causa de uma redução de pessoal ou uma reestruturação da empresa; famílias que perdem a "casa dos sonhos" por falta de pagamento da hipoteca; casamentos contraídos "até que a morte os separe" que terminam em divórcio; empregados que descobrem que seus planos de aposentadoria foram por água abaixo.

Também na esfera pública a mudança acontece — e de uma maneira radical. Por exemplo, países que possuem um sistema de previdência social inflexível estão tendo que fazer duros cortes e recusar a cobertura de tratamentos e medicamentos caros.

E agora: você ainda acredita estar tão protegido que as mudanças não vão afetar sua vida? Ainda tem certeza da estabilidade nesse seu pedacinho de mundo? Esqueça.

Os americanos se sentiam seguros em suas casas até que vieram o 11 de Setembro e o furacão Katrina. Os fazendeiros ingleses se sentiam seguros até que a doença da vaca louca atingiu seus rebanhos. Até na França, onde há décadas os benefícios sociais são garantidos pelo Estado, a solidez dessas garantias começa a se dissolver. A Kodak se sentia segura até que a velocidade digital destruiu seu mercado.

Portanto, empregos, casas, empresas, casamentos, pensões, sistemas de saúde e previdência social — nada mais está seguro nem tampouco garantido. Naturalmente, você sabe de tudo isso, mas o cérebro jovem usa melhor esse conhecimento. Sua consciência explícita da mutabilidade das coisas lhe permite antecipar a mudança, e ele está sempre preparado para tomar decisões com base nas novas circunstâncias.

> Os autores conhecem um consultor de empresas de quase 50 anos que foi despedido sete vezes do emprego ao longo de 25 anos de carreira. Você deve estar pensando que hoje ele é um homem falido, com um currículo imprestável. Nada disso. Ele está entre os 5% mais bem pagos e é bem recebido aonde quer que vá. Algum erro? Não, apenas o resultado de um mundo instável e de uma estratégia bem-sucedida de aceitar a mudança e se recuperar dos contratempos. Na verdade, ele integrou de tal forma a mudança em sua vida que, hoje, a primeira coisa que faz quando ingressa em uma empresa é negociar os termos de sua demissão! Ser demitido pode trazer vantagens e liberdade.

Evoluir é mudar para sobreviver. Infelizmente, uma característica de um cérebro velho é que eles cristalizam o pensamento. Apegam-se a seus hábitos e resistem a questionar a ordem das coisas e com isso se tornam vulneráveis às mudanças que ocorrem no mundo que os cerca.

O cérebro jovem, ao contrário, identifica e se adapta às mudanças na maneira como a sociedade se organiza. Capta os sinais de que a sociedade está mudando e responde de uma forma que aumenta suas chances de sobreviver e prosperar. Os cérebros jovens são, portanto, excelentes indicadores de mudanças, e é importante desenvolver a capacidade de detectar a dinâmica social e se adaptar às novas tendências.

Você foi ensinado a não questionar? A aceitar as coisas como elas se apresentam? Agora você tem a chance de rejeitar tudo isso. Quase todas as coisas podem ser mudadas; muito pouco é imutável no mundo atual.

VIVENDO A SABEDORIA

Relacione os sete desastres que poderiam atingir sua vida e planeje como se recuperar de cada um deles. Abandone o seu habitual pensamento linear e use a abordagem das decisões realistas para encontrar soluções. A infelicidade de uma doença prolongada, por exemplo, pode ser a oportunidade que você esperava de satisfazer seu desejo de aprender espanhol.

Aprenda por tentativa e erro

Uma coisa é estar preparado para fazer mudanças e outra bem diferente tomar decisões. Enquanto o cérebro velho é metódico, acumula fatos e números, faz listas de prós e contras e finalmente toma uma decisão pela lógica, o cérebro jovem tem uma abordagem totalmente diferente, como vimos. Em muitos casos, toma decisões por tentativa e erro.

Um modo simples de ilustrar a diferença entre os métodos do cérebro velho e os do cérebro jovem é a moderna

TV de plasma. O cérebro velho, feliz com sua compra, abre a caixa com cuidado e pega o manual de instruções, que tem umas 480 páginas, das quais apenas umas sessenta em inglês. O cérebro velho lê o manual desde o início, começando pelas instruções de segurança. Confiante de que todas as informações foram lidas e absorvidas, o cérebro velho agora, e só agora, ousa retirar a TV de sua proteção de isopor e ligá-la na tomada (não sem antes dar mais uma olhada na seção referente à operação de ligar e desligar o aparelho).

Agora vamos ver o que faz o cérebro jovem. Primeiro passo: rasga a caixa em pedaços. Segundo passo: liga o aparelho. Terceiro passo: verifica se a imagem aparece. Quarto passo: tenta melhorar a imagem "brincando" um pouco com o controle remoto. Quinto passo: assiste.

Daqui por diante, no plano de navegação do cérebro jovem, qualquer problema que surgir será resolvido com a repetição do quarto passo.

Você já deve ter observado um adolescente usando um computador ou um telefone celular. Ele não tem medo. Os jovens navegam pelo menu com desembaraço, com uma pequena pausa para ler o que está escrito antes de clicar. Num instante, a coisa está resolvida. Um cérebro velho — e, não se preocupe, os autores estão com você nisso — percorre o menu, cheio de tópicos que nada significam, entra em pânico e tenta voltar para um terreno seguro.

O terror de um cérebro velho é quando o computador pergunta se ele quer fazer o *download* das atualizações. Será que essa medida aparentemente sensata vai danificar seu computador?

Para um cérebro jovem tal tecnofobia é incompreensível. Você não precisa saber tudo para tomar uma decisão, nem mesmo precisa ter controle parcial dos fatos. Você só precisa ter espírito de aventura e uma abordagem de tentativa e erro. E, se a coisa der errado, continue tentando e errando até encontrar uma solução.

Curiosamente, muitas empresas de tecnologia estão utilizando essa abordagem para avaliar novos produtos. Em vez de testar tudo em laboratório antes de decidir o lançamento, elas distribuem uma versão beta e aguardam os comentários. Por que fazem isso? Porque obtêm respostas melhores e mais rápidas usando os consumidores como coinventores. Os consumidores sabem como vão usar os aparelhos e muitas vezes enxergam novas aplicações que nunca descobririam numa análise convencional. Milhões de mensagens de texto enviadas todos os dias não seriam possíveis se os consumidores não tivessem aceitado e usado a tecnologia SMS do modo como uma abordagem analítica jamais imaginaria.

Isso pode levar a melhores decisões e resultados, porque uma exploração mais abrangente e criativa das alternativas nesse processo de interação quase sempre produz resultados que seriam improváveis por meio de métodos tradicionais de análise. Da mesma forma que as soluções de outras indústrias muitas vezes transformam mercados tradicionais (os fabricantes de automóveis teriam inventado o GPS?), um grande número de ideias pode produzir uma resposta melhor da que a que se obteria com uma análise, por mais meticulosa que seja.

É significativo observar que, à medida que o aprendizado por tentativa e erro se tornou popular, outras formas de aprendizado entraram em declínio — em especial a "transmissão". Transmissão é o processo pelo qual os ensinamentos são passados às futuras gerações. Transmite-se o que é certo ou errado, bom ou mau, mas também as coisas práticas da vida: cozinhar, fazer consertos, estudar e aprender. Quando o pai mostra ao filho como trocar uma lâmpada, isso é transmissão.

Desde as primitivas sociedades tribais, com sua tradição oral, a transmissão funcionava com certa eficiência — até recentemente foi assim.

A partir do fim dos anos 1960 (não é coincidência que seja a época das revoltas estudantis e do movimento *hippie*), a transmissão começou a entrar em colapso em muitas sociedades do mundo ocidental. Uma prova? É simples. Basta ver a abundância de programas de TV sobre "estilo de vida" para perceber que existe um imenso vácuo no aprendizado que hoje é preenchido pela televisão. As jovens gerações hoje aprendem mais sobre cozinha, reparos, jardinagem e criação de filhos de fontes externas do que com os pais.

Essa é a questão. Diante do baixo nível da transmissão, os cérebros jovens aprenderam, por tentativa e erro, a dar conta dos desafios diários em vez de recorrer às maneiras tradicionais e soluções consagradas.

Você não sabe preparar uma refeição? Não há problema. Restaurantes dos cinco continentes oferecem serviço de *delivery*, ou você pode misturar alguns ingredientes numa panela e ver no que dá.

> Pode-se ter uma boa visão do quanto a sociedade está mudando pelas piadas dos comediantes. Nos anos 1990, havia um programa inglês de humor em que Harry Enfiel representava vários personagens. Um personagem particularmente irritante era um pai que repetia ao filho, como um papagaio: "Você não quer fazer isso assim. Você quer fazer isso assado". O humor residia no ridículo por que passam os pais quando tentam transmitir o que sabem aos filhos. Um sinal evidente de que a sociedade está abandonando a tradicional

> sabedoria paterna e adotando uma abordagem mais instintiva de autoaprendizado por tentativa e erro.

VIVENDO A SABEDORIA

Da próxima vez que comprar um aparelho elétrico ou eletrônico, leia as instruções de segurança e depois coloque o manual de lado. Brinque, navegue, explore. E continue experimentando para descobrir uma funcionalidade cada vez maior.

Tome decisões rápidas

Um cérebro jovem gosta de tomar decisões rapidamente. Naturalmente, se você estiver disposto a mudar e preparado para proceder por tentativa e erro, as decisões instantâneas se tornam possíveis — até mesmo desejáveis.

Como a vida se acelera, a velocidade das decisões lhe dará uma vantagem natural. Os ingressos para aquele show tão esperado são postos à venda às 8h30. Só os primeiros conseguirão lugar. A excursão de barco para aquela ilha dos sonho será daqui a dois dias. Só quem chegar antes conseguirá os lugares que ainda restam. A excursão da escola a uma estação de esqui tem lugares limitados. Só os alunos que tiverem pais com reação rápida conseguirão ir.

Hoje, mais do que nunca, a indecisão e o adiamento eliminam as oportunidades. Sem a capacidade de decidir rapidamente, você vai perder aquele show, ficar apertado no fundo do barco e terá que aturar a cara emburrada do seu filho por uma semana.

Os americanos dizem que é preciso tomar decisões "em tempo real", e estão certos. O cérebro jovem reconhece a necessidade de ser espontâneo — e colhe as recompensas dessa flexibilidade. Trata-se de ser rápido e inteligente, em vez de ponderado e cauteloso. Isso é sabedoria da juventude.

Quando um cérebro jovem vai fazer compras, usa a navegação adaptativa. Enquanto o cérebro velho leva uma lista de compras, o cérebro jovem decide impulsivamente de acordo com o que está em oferta. Por falar nisso, a porcentagem de compras espontâneas está aumentando drasticamente nos últimos anos. Uma recente pesquisa revelou que 50% dos compradores em supermercados da Inglaterra não seguem nenhum plano de compras, mas apenas reagem rapidamente ao que veem nas prateleiras. Isso é sabedoria da juventude em ação.

Por falar em supermercados, você imagina que a gôndola de promoções em seu supermercado só oferece descontos no preço? Pense bem. Um cérebro jovem usa essas ofertas para comprar e experimentar produtos que ainda não conhece. E, quando chega em casa, vai usar os produtos em oferta para preparar uma refeição rápida. Um cérebro jovem não tem livro de receitas. Usa a intuição, uma pitada de inspiração e uma boa dose de sorte. Em pouco tempo, tem uma refeição preparada com os produtos em promoção — que provavelmente vai ser saboreada por um grupo de amigos que apareceu sem avisar.

Esse exemplo demonstra claramente como as estratégias da sabedoria da juventude podem permear muitos aspectos da vida, desde métodos de compra, culinária e hábitos alimentares até relacionamentos interpessoais.

> Existe na Inglaterra um programa de TV chamado *Ready, Steady, Cook*, em que famosos chefes de cozinha recebem um saco de su-

permercado com 5 libras em produtos e têm apenas 20 minutos para preparar um prato com aqueles ingredientes. Sem decepcionar, os chefes de cérebro jovem transformam aqueles ingredientes numa refeição de dar água na boca. Você conseguiria?

VIVENDO A SABEDORIA

Faça algo diferente e compre espontaneamente alimentos para os quais você nem olha num supermercado (pé de porco, banana verde, cunquate — só para dar uma ideia). Passe a semana comendo pratos diferentes.

Esta navegação em particular tem a vantagem extra de ajudar você a economizar em épocas de crise financeira. Estando aberto a mudanças, você reduz gastos de acordo com as oscilações de sua renda.

Reclame e então saia

Quando falamos de navegação adaptativa, nos referimos também à capacidade de mudar de rumo quando estamos indo numa direção indesejada. Essa é a atitude de um cérebro jovem.

De tudo o que dissemos, talvez tenha ficado a impressão de que os cérebros jovens estão sempre fazendo a opção mais fácil ou tomando o caminho que oferece menor resistência. Você poderia argumentar que, ao se livrar das suas raízes, o cérebro jovem não assume compromissos. E, por não realizar todo o trabalho braçal de avaliar todos os fatos e números, toma decisões instintivas e "preguiçosas". Mas nunca existem opções fáceis. Simples, sim — fáceis, não. Viver uma vida leve pode ser um desafio emocional. E tomar decisões espontâneas exige coragem. Da mesma forma, mudar de rumo é quase sempre a opção mais difícil.

Dissemos que é preciso conhecer o terreno — principalmente para poder reclamar e sair, isso significa saber exatamente quais são seus direitos e responsabilidades. Não é bom reclamar do atraso de uma entrega se você não explicou quando estaria em casa para recebê-la.

O cérebro jovem está consciente do que pode esperar e do que precisa fazer.

Ele sabe, por exemplo, que, ao entrar num restaurante, precisa respeitar os outros, porém também espera ser respeitado, um bom serviço e um ambiente adequado. Se essa equação não fecha, o cérebro jovem é capaz de verbalizar sua queixa, levantar-se, sair e procurar outro restaurante.

Contudo, se você tem um cérebro velho e não está preparado para tomar decisões rápidas com base em suas emoções, o provável é você sentir certa pressão social para ficar. E, por falar nisso, ficar resmungando a insatisfação não resolve. Portanto, se você fica sentado em um restaurante horrível, ruminando em silêncio e dizendo a si mesmo que nunca mais vai voltar ali, esteja preparado para mudar essa maneira de pensar de cérebro velho no futuro. Afirme seus direitos e saia. E lembre que, com isso, você não apenas está ajudando a melhorar o nível do serviço para os clientes que o sucederem, mas, mais importante, está dando um tiro na sua inércia mental. Você fez um movimento. Cumprimente-se pela conquista.

Observe que sair é importante. Não há nada que um cérebro velho aprecie mais que se queixar. Entretanto, sem sair e dar as costas ao problema, você não está usando a sabedoria da juventude.

Portanto, da próxima vez que entrar numa loja e ficar insatisfeito com o serviço, demonstre sua insatisfação e então vá embora. É bem melhor do que ficar resmungando depois que já pagou a conta.

Vejamos agora outro aspecto dessa estratégia de reclamar e sair. Para um cérebro jovem, as coisas são, na maioria das vezes, negociáveis. O preço marcado na etiqueta daquele sofá? Negociável. A conta do restaurante depois de uma refeição decepcionante? O café deve ser cortesia da casa. Uma passagem de avião da classe econômica? É possível um *upgrade*. Tudo isso exige coragem de provocar a mudança — a mudança de percepção que nasce de dizer que você não pode pagar o preço que está sendo cobrado, que você é um cliente insatisfeito, que eles têm a possibilidade e o espaço para lhe oferecer um *upgrade*.

VIVENDO A SABEDORIA

Isso já aconteceu com todo mundo: precisamos de um faz-tudo que conserte alguma coisa e acabamos com um serviço malfeito e/ou um preço excessivo. Da próxima vez que isso acontecer, reclame até conseguir o que você quer. Depois, orgulhe-se de ter usado a sabedoria da juventude.

Resumindo: ter cérebro jovem significa estar preparado para a mudança, aprender por tentativa e erro, tomar decisões rapidamente e estar preparado para reclamar e/ou sair quando perceber que está no caminho errado. E, na hora de tomar uma decisão, considere menos os fatos e mais os sentimentos, menos a análise e mais a prática, menos o medo do fracasso e mais a diversão da procura.

Para ter um cérebro jovem, quando quiser fazer alguma coisa na sua vida, pense pouco nas alternativas, ouça o que sua intuição está lhe dizendo e então vá de cabeça — fazendo ajustes no caminho. A análise é feita enquanto se está em movimento, e os reajustes e melhorias ocorrem em tempo real. Isso é a estratégia de tomada de decisões em ação — uma estratégia que está disponível para qualquer um que deseje um cérebro jovem.

3. Intercâmbio de "papéis sexuais"

Eis mais duas perguntas que você deve se fazer:

> 1. Você costuma decidir o que fazer e os papéis que está preparado para desempenhar com base no seu sexo?
> 2. Você se sente confortável ao saber que as mulheres estão tendo mais poder e influência no mundo?

Como já dissemos, a navegação adaptativa também envolve negociar quem faz o quê. Um cérebro jovem leva em conta o que funciona e o que é mais adequado às circunstâncias. Já o cérebro velho leva em conta a tradição e a antiquada hierarquia social.

Existem muitos relacionamentos em que o cérebro jovem pode reformular as atribuições de quem faz o quê: pais e filhos, chefes e empregados, sindicatos e trabalhadores, governos e eleitores. Neste capítulo, vamos mostrar como um relacionamento em especial é encarado por um cérebro jovem, qual seja, o relacionamento entre pessoas de sexos diferentes.

A vida moderna coloca questões fundamentais sobre os relacionamentos humanos e particularmente sobre os papéis sexuais. "Intercambiar os papéis sexuais" é uma maneira de ver o relacionamento entre os sexos que incorpora a navegação adaptativa.

Os cérebros jovens são extremamente impacientes com a sabedoria convencional, que julgam sem nenhum valor. E os papéis sexuais tradicionais são exatamente isso

— sabedoria convencional sem nenhum valor. A ideia de que a mulher deve ficar em casa cuidando dos filhos e o marido deve ser o provedor simplesmente não existe na cabeça de um cérebro jovem.

Para um cérebro jovem, essa separação de papéis sexuais é uma postura de cérebro velho — um retrocesso a uma sociedade historicamente dominada pelo homem. Hoje, diante de tantos desafios que a vida coloca, o cérebro jovem entende que a única maneira sensata de agir é usar os talentos de todos — seja qual for o seu sexo. Portanto, esqueça a tradição e o machismo.

Entretanto, esse é um passo difícil para alguns cérebros velhos. Por maiores que tenham sido as conquistas do movimento feminista, alguns homens ainda lutam contra a igualdade de oportunidades e fecham os olhos aos talentos das mulheres. Alguns homens lutam para manter seu telhado de vidro a salvo (embora, naturalmente, finjam não fazer isso). É como o famoso caso do soldado japonês Hiroo Onada, encontrado em uma ilha isolada 29 anos depois do fim da Segunda Guerra, que acreditava que a guerra ainda estava em curso. Os cérebros velhos continuam lutando na guerra dos sexos muito depois que as novas gerações aceitaram de bom grado a mistura de papéis sexuais.

VIVENDO A SABEDORIA

Repense os papéis e os talentos em seu local de trabalho, em seu clube ou associação. Existe uma maneira mais sensata e mais vantajosa de distribuir as tarefas que precisam ser feitas? Por exemplo: por que Harry está encarregado de consertar o encanamento se ele é ótimo para fazer arranjos de flores? Por que Marge está fazendo o café se seu poder de persuasão poderia ser utilizado para convencer um patrocinador a contribuir com uma quantia maior?

Cada macaco no seu galho

Embora ainda haja um longo caminho a percorrer até a igualdade entre homens e mulheres, tanto no mundo desenvolvido quanto nos países em desenvolvimento, o que faz sentido é homens e mulheres assumirem diferentes papéis em momentos diferentes.

O casal deve negociar continuamente quem faz o quê — e quando. Pode ser que, durante a semana, a mulher fique com os filhos e o homem saia para o trabalho. Nos fins de semana, o homem se encarregue das crianças enquanto a mulher trabalha na entidade assistencial com a qual colabora. Uma mulher pode abandonar uma carreira promissora enquanto os filhos são pequenos, mas um marido também pode assumir as responsabilidades domésticas enquanto a pequena empresa da esposa não decola.

O importante nessa questão, naturalmente, é ter bom-senso e levar em conta as conveniências. Mas para um cérebro jovem o desenvolvimento pessoal também conta. Para muitos casais, ter uma vida gratificante e significativa é importante, e, portanto, precisa haver espaço para conquistar isso. Os dois parceiros terão que participar da divisão de papéis para que isso aconteça.

A questão é que as mudanças acontecem, e interessa aos dois parceiros encontrar maneiras flexíveis e razoáveis de reagir a novas situações. Tal equilíbrio no intercâmbio dos papéis sexuais ajuda a manter a harmonia e dá mais segurança ao casal. O novo emprego do marido fica mais perto da escola? Ótimo, então ele pega as crianças. A carreira da mulher está indo de vento em popa, então seu trabalho tem prioridade.

> Compare isso com o modo de pensar do cérebro velho. No Reino Unido, no início dos anos 1980, as comunidades do carvão e do aço tiveram sérios confrontos com o governo de Margaret Thatcher. Mineiros e metalúrgicos — todos homens — foram demitidos em massa e ficaram muito deprimidos pelo fato de não serem mais os provedores da família. A tradição determinava que era o papel do homem trabalhar, e o da mulher, criar os filhos. Quantas famílias poderiam ter se recuperado mais rapidamente se tivessem tomado a decisão de reverter os papéis familiares?

VIVENDO A SABEDORIA

Sente-se e faça uma lista das tarefas e papéis de seu parceiro. Então, reavalie friamente a atual divisão de papéis, levando em conta o talento e o tempo disponível de cada um. Encontre pelo menos uma área da vida em que a troca de papéis seria totalmente adequada e faça a mudança.

A ascensão das mulheres

A necessidade do intercâmbio de papéis sexuais se torna mais evidente quando reconhecemos que a sociedade se tornou mais feminina e o muito que as mulheres têm a oferecer a um mundo em plena atividade e globalizado.

Por exemplo, embora o intercâmbio de papéis esteja mais avançado no mundo ocidental, é significativo que, quando pensamos globalmente, as maiores mudanças na sociedade estão sendo provocadas pelas mulheres.

Do Japão a Jacarta, da Espanha à Arábia Saudita, a influência das mulheres na sociedade está sendo sentida em duas frentes. A primeira é a batalha que elas travam para ser reconhecidas como iguais aos homens. A segunda é a disseminação dos valores "femininos" (como intuição, emoção e empatia), que estão empurrando a sociedade em uma direção mais feminina.

Embora alguns homens de cérebro velho ainda resistam, as mulheres estão tão preparadas quanto os homens — até mais preparadas talvez — para assumir papéis de liderança em muitas áreas, especialmente no trabalho.

São várias as razões disso. Primeiro, em muitos países, as mulheres têm uma educação melhor. Há mais moças que rapazes fazendo mestrado e doutorado, e elas se saem melhor nos exames. Em segundo lugar, elas são mais intuitivas que os homens, e, portanto, se dão melhor na navegação adaptativa. Em terceiro lugar, são mais polivalentes — um talento cada dia mais necessário diante da complexidade e das pressões da vida.

Finalmente, as mulheres tendem a ter mais habilidades interpessoais. Têm mais empatia, são mais interessadas e entendem melhor os outros. Possuem alta inteligência emocional, relacionam-se mais naturalmente com outras pessoas e se preocupam mais com elas. Na falta de hierarquia da maioria das organizações no mundo desenvolvido, o talento para as relações interpessoais é provavelmente o mais importante para conquistar eficiência e sucesso.

Muita coisa já se escreveu sobre as diferenças entre Vênus e Marte, e Tom Peters, o guru da administração, também tratou do "feminino". Segundo ele, os talentos femininos são hoje os mais exigidos no mundo dos negócios e na sociedade como um todo. Eis apenas três exemplos:
- Os homens pensam em "pirâmide", as mulheres pensam em "igualdade".
- Os homens se ligam através da competição; as mulheres se ligam através da comunidade.
- Os homens permanecem afastados; as mulheres buscam o contato pessoal.

Tom Peters, *Essencials: Trends*

Portanto, com a porcentagem de trabalhos manuais se reduzindo a níveis muito baixos nas sociedades desenvolvidas, as mulheres estão, no mínimo, muito qualificadas — e talvez até mais qualificadas — para ganhar mais que os homens. Na verdade, isso já acontece em 55% das famílias dos Estados Unidos, em que as mulheres contribuem com mais da metade da renda familiar. Enquanto a renda média dos homens americanos cresceu 0,6% entre 1970 e 1998, a renda média das mulheres cresceu 63%.

É claro que essas afirmações e esses dados são profundamente desconfortáveis para os cérebros velhos, em particular os masculinos. Mas reconhecer essa nova realidade é o primeiro passo para abandonar os velhos hábitos e pensamentos discriminatórios.

E se isso parece muito estereotipado, pedimos desculpas. Como algumas pessoas já fazem o intercâmbio de papéis sexuais, isso pode lhes parecer muito familiar. Os cérebros jovens podem estar fazendo isso naturalmente, porém os cérebros velhos não estão. Se você é um deles, esforce-se para mudar. Entenda que esse intercâmbio de papéis nada tem a ver com orientação sexual, mas pode ter tudo a ver com sua capacidade de adaptação às inúmeras mudanças que estão ocorrendo todos os dias no mundo.

VIVENDO A SABEDORIA

Escolha pelo menos uma mulher que você respeita e faça dela um modelo no que diz respeito ao intercâmbio de papéis. Escolha pelo menos uma mulher como seu herói no esporte e como ídolo na música. Sempre que for apropriado, conte a todo mundo a admiração que você tem por essas mulheres. Melhor ainda: procure ter uma mulher talentosa como chefe.

E, por falar nisso, essas recomendações se aplicam tanto ao homem quanto à mulher.

Como dissemos, este capítulo é bastante longo. Redescubra sua capacidade de aceitar e se adaptar à mudança e você estará apto a navegar pela vida — e, mais importante, pelas outras cinco sabedorias da juventude de que trataremos a seguir.

Resumo de objetivos

- Tenha clareza sobre os princípios que para você não são negociáveis; esteja preparado para realinhar e atualizar seus valores de acordo com a sociedade contemporânea.
- Abandone suas zonas de conforto uma a uma.
- Mude seus hábitos, rituais e rotinas; obrigue-se a destruir as algemas que o estão prendendo; viva uma vida leve.
- Tome decisões realistas — rápida e intuitivamente.
- Analise suas prioridades e divida melhor as tarefas com seu parceiro ou parceira.

Capítulo 4

Como desenvolver um egoísmo esclarecido

"Eu consegui! Eu consegui!", comemorou Claire.

Ela se sentia ótima. Com ela mesma e com a situação. A creche onde trabalhava finalmente reconhecera suas qualidades para cuidar das crianças e quanto os pais a apreciavam. Além de receber um aumento de salário, agora Claire trabalharia as horas regulamentares — nada mais de horas extras não pagas. E um homem novo tinha entrado em sua vida.

Fazia apenas seis meses que ela resolvera parar de ser usada por todo mundo. Até então, a creche sempre lhe empurrava as crianças mais difíceis. Os pais viviam se atrasando para pegar os filhos, sabendo que ela não reclamava.

Sua autoestima estava baixa, ela se sentia sobrecarregada, e as coisas estavam piorando. Até que Claire encontrou numa revista um artigo sobre a construção da autoconfiança e sobre como conseguir satisfação. Ela fez o que o artigo recomendava. Praticou com regularidade, leu livros sobre desenvolvimento pessoal, inscreveu-se como voluntária numa entidade de assistência e conheceu gente nova.

Finalmente, naquela dia, ela enfrentara os empregadores, que foram pegos de surpresa. Os dois saíram para conversar sobre o assunto, voltaram e concordaram com suas exigências. Claire agora era vista por eles com respeito.

Sim, ela conseguiu.

Egoísmo esclarecido

É triste, mas muitos de nós, como a "antiga" Claire, nos perdemos na vida. Perdemos o rumo. Todas aquelas ambições da juventude, toda aquela certeza do que queríamos conquistar na vida desapareceram. De repente, despertamos com o sentimento de que importamos bem menos do que supúnhamos, valemos bem menos do que esperávamos. O ânimo termina quando a paixão acaba. Os outros nos ultrapassam, enquanto nós nos arrastamos.

É claro que cada um de nós pode apresentar uma justificativa razoável por não ter correspondido às próprias expectativas de juventude. Alguém teve um acidente do qual nunca se recuperou; outro não conseguiu superar a morte de um ente querido. O choque da demissão nos abateu. Mas, apesar do infindável repertório de justificativas e racionalizações, no meio de uma noite insone, quando a verdade prevalece, perscrutamos nosso coração e admitimos nossas falhas. Quase sempre acabamos entendendo que perdemos o rumo simplesmente porque não conseguimos cuidar dos nossos interesses.

Você já se sentiu assim? Alguma vez já se perguntou como se transformou num escravo de interesses alheios? Já se perguntou onde foi que você errou? Exatamente em que momento da vida você perdeu a visão de longo prazo e começou a viver o dia a dia, vagando pela vida sem objetivo? Em que exato momento você deixou de se respeitar, de defender seus interesses, de crescer e melhorar?

Um egoísta esclarecido, portanto, desenvolve e conserva a autoestima, o que muitas vezes requer colocar suas necessidades acima das de todos os outros — ao menos por um tempo. Significa ouvir o seu coração, investir em si mesmo e deixar suas necessidades explícitas. Fazendo-se esse favor, evita a frustração e a autocrítica destrutiva.

E eis um ponto importante: concentrando-se primeiro nas suas necessidades e no seu crescimento, você se liberta para depois fazer o bem ao próximo. Você tem mais facilidade de ajudar os outros porque o faz de uma posição de respeito próprio e força pessoal. Essa é a parte esclarecida. Não estamos recomendando que você se torne uma pessoal totalmente egoísta. Absolutamente. Estamos dizendo que você precisa evitar os extremos: tanto o egoísmo puro quanto a doação total. O egoísmo esclarecido é uma sabedoria da juventude.

Desenvolvimento pessoal

A sabedoria da juventude ensina que somos mais produtivos se os outros nos acham atraentes. Não apenas fisicamente, mas como seres humanos de quem as pessoas querem estar perto. Muitos jovens são naturalmente atraentes e muito conscientes desse poder de atração. Usam-no de uma maneira positiva para conseguir que as coisas aconteçam. São confiantes, cheios de energia e entusiastas. Têm planos, visão e uma forte autoestima. Sua ousadia é mágica. Egoísmo esclarecido significa redescobrir a magia pessoal.

% de concordância	15-17	18-24	25-34	35-44	45-54	55-64	+ de 65
Eu gostaria de desenvolver plenamente outros aspectos da minha personalidade em minha vida cotidiana	80	81	78	75	69	65	43

Fonte: Sociovision 3SC, Reino Unido, 2005.

Os jovens têm a tendência natural de se manter no caminho do desenvolvimento pessoal. Mas, a partir dos 25 anos, nosso desejo de melhorar enfraquece. As gerações mais velhas se perdem na vida e, a partir dos 65 anos, a maioria acredita que não há mais nada a fazer.

Ter sabedoria da juventude é reconhecer que seu crescimento pessoal e o desenvolvimento de sua personalidade são vitais. Além disso, trata-se de um processo contínuo, e não algo que deve ficar para trás junto com a juventude.

Vale a pena deixar claro, antes de ir adiante, que a autoajuda e o desenvolvimento pessoal têm tido uma imagem um tanto depreciativa ao longo dos anos — particularmente em certas culturas. São noções que têm sido ridicularizadas pelos ignorantes. Afinal, dizem eles, quem mais, a não ser um retardado, leria livros com títulos como *Como fazer amigos e influenciar pessoas*?

Na verdade, o livro de Dale Carnegie é um clássico que ainda vende muito, justificadamente. É uma exposição brilhante de algumas habilidades fundamentais do ser humano. Fazer amigos e influenciar pessoas soa como manipulação, mas sua mensagem é fundamental para uma vida produtiva — na família, no trabalho, na vida social. Apesar de ter sido escrito há setenta anos, ainda hoje é estimulante e relevante.

Desenvolvimento pessoal significa, em essência, desenvolver as próprias capacidades para ajudar a si mesmo e aos outros a viver uma vida mais satisfatória, mais gratificante. É ser estimulado pela vida e estar engajado na arte de viver.

Para isso é preciso libertar-se das ansiedades (os resmungos do cérebro velho) por não ser capaz de dar conta do trabalho, da vida, de ser um ser humano. Quanto maior for seu conhecimento e sua percepção sobre a melhor maneira de sobreviver e prosperar, maior será sua chance de desfrutar a vida. Todo mundo tem contratempos e fracassos. Todo mundo tem a sensação de estar perdendo o rumo. Sob todas as suas formas — livros, cursos, *workshops*, mídia eletrônica e troca de ideias —, o desenvolvimento pessoal nos ajuda a crescer como indivíduos e nos fornece a experiência e a percepção para descobrir a melhor maneira de usar o que aprendemos.

É correto afirmar que "líderes são leitores". Os líderes estão expandindo constantemente sua base de conhecimentos. Para ser um líder você precisa de conhecimento. Sem informação não há percepção. E sem percepção não há progresso nem inovação.

Portanto, o desenvolvimento pessoal é crucial para manter o cérebro jovem. Só um cérebro velho não acredita nisso.

Benefícios do egoísmo esclarecido

O aprendizado e o crescimento constantes trazem muitos benefícios. Por meio deles você:

- Ganha mais percepção e energia.

- Torna-se uma pessoa mais interessante, cuja companhia todos desejam.
- Ama mais (de uma base sólida, de onde você se ama e se respeita).
- Vive ricos relacionamentos interdependentes (e evita as armadilhas da dependência ou da independência).
- Torna-se mais aberto emocionalmente.
- Obtém plena satisfação do trabalho (em vez de considerá-lo um dever indesejável).
- Melhora a saúde, a aparência e o desempenho.
- Aprende a se defender.
- Concentra suas ações em sua esfera de influência (evitando perder tempo com coisas que não pode influenciar nem mudar).

Por que a conversa interior é vital

Enquanto trabalha no seu rejuvenescimento, esperamos que você volte a este livro várias vezes como guia e estímulo. Mas você também pode contar com outro guia durante esse processo: seu jovem eu. Como já dissemos, a maioria de nós perde a sabedoria da juventude ao longo da vida, e este livro visa justamente ajudá-lo a redescobrir algo que você já sabia. Em algum lugar no fundo do seu subconsciente existem padrões de pensamento de um cérebro jovem. No entanto, com o tempo, eles foram esquecidos e substituídos por pensamentos de um cérebro velho.

Que tal lembrar esses pensamentos submersos para acelerar seu progresso em direção ao rejuvenescimento?

A boa notícia é que você pode! E a técnica para ter acesso a eles é o que chamamos de "conversa interior".

Sim, é isso mesmo. Queremos que você converse consigo mesmo. Não precisa falar em voz alta, mas ninguém o impede de fazer isso, se quiser. Mais provavelmente, porém, você ouvirá uma voz dentro da sua cabeça.

O que diz essa voz? Basicamente é uma voz que apoia, estimula e lhe diz para ousar, adotar outros valores, sair das zonas de conforto e mudar radicalmente sua maneira de pensar. E é uma voz que o pressiona a mudar seu comportamento e o estimula a "viver a sabedoria".

É assim que funciona. Como fizemos no Capítulo 3 e vamos continuar fazendo neste e nos capítulos seguintes, forneceremos as ideias e os exercícios de que você precisa para rejuvenescer sua mente e elevar seu QJ. Esperamos que esses instrumentos despertem seu cérebro jovem e lhe permitam, a princípio, coexistir com seu cérebro velho. A voz interior que conversa com você deve ser a de seu cérebro jovem.

Vamos dar um exemplo capaz de combater qualquer ceticismo compreensível que você possa ter. Mais adiante vamos lhe recomendar que leia de novo alguns clássicos do desenvolvimento pessoal. No início, você talvez resista e encontre várias razões "legítimas" para não aceitar esse conselho. Essa é a voz de seu cérebro velho dominante. Portanto, esta é a oportunidade de você despertar seu cérebro jovem e conversar consigo mesmo de uma maneira convincente. Permita que sua mente lembre como era bom adquirir novos conhecimentos, como era estimulante explorar um novo assunto que o interessasse, como você se sentia brilhante quando tinha a oportunidade de mostrar o que aprendera numa conversa.

Agora deixe que seu cérebro jovem o convença a adotar novos pensamentos e ações. Diga a si mesmo: "Preciso mesmo ler esses livros. São livros interessantes, que me ensinam o que dizer numa conversa de bar ou num café. Devo ler cada um com atenção, sem desistir no meio. Sim, é isso que vou fazer, e, depois que o fizer, vou me sentir muito bem e feliz comigo mesmo. Estou no caminho certo para ganhar uma mente mais jovem".

Naturalmente, à medida que o tempo for passando, a voz do cérebro jovem fica cada vez mais persuasiva, até se tornar dominante. Ou seja, até substituir totalmente o discurso gasto de seu cérebro velho. Quando alcançar esse ponto, você pode quase esquecer a conversa consciente com seu cérebro jovem, porque ele agora é o todo inconsciente, e não apenas uma parte do seu pensamento. Você será jovem novamente!

Uma palavra final: introduzimos aqui a noção de "conversa interior" porque tem tudo a ver com o tema do egoísmo esclarecido. Trata-se de um método que vai ajudar você a se trabalhar. Entretanto, é óbvio que ele é absolutamente importante para dar apoio ao aprendizado de qualquer outra sabedoria.

Agora vamos voltar um pouco e ver com que maneiras de pensar você está precisando conversar interiormente.

Adote como suas as três maneiras de pensar do egoísmo esclarecido

O desenvolvimento pessoal é uma parte importante desta sabedoria, mas não é tudo. É um desafio em vários aspectos, e, mais uma vez, vai estimular você a questionar certos valores que lhe são caros. Você pode, por exemplo, precisar confrontar o que estamos dizendo aqui com o dever de "servir ao próximo", que está profundamente arraigado em seu DNA. Se você é um pai recente e dedicado, pode lhe cortar o coração dedicar algum tempo a si mesmo quando existem crianças pequenas precisando da sua atenção. Vamos discutir isso adiante neste capítulo.

Mais uma vez, estamos desafiando você a abandonar suas zonas de conforto. Por exemplo: talvez você se sinta bem com a ideia de nunca mais ter que fazer um trabalho físico. Talvez você tenha deixado lá atrás, na escola, seu uniforme e seus aparelhos de ginástica. Vamos abalar algumas dessas ideias confortáveis.

A recompensa virá quando você começar a adotar as lições desta sabedoria, quando você começar a reprogramar seu cérebro velho ou de meia-idade com três novas ideias:

- Reconhecer o seu poder.
- Gerar autoestima.
- Ajudar os outros.

1. Reconheça o seu poder

Vamos começar desafiando duas maneiras de pensar:

> 1. Até que ponto você se considera capaz de influenciar o debate político?
> 2. Quando alguma grande empresa faz algo que você desaprova, você se acredita capaz de mudar esse estado de coisas?

Você está no lugar do piloto

O cérebro jovem é como um canário no fundo de uma mina. Dá sinal à menor alteração na atmosfera. É o primeiro a sentir a mudança do vento e cair fora. Um cérebro velho faria bem se observasse o que ele faz e reagisse como ele.

Observando a maneira como os cérebros jovens pensam e se comportam, constatamos que vivemos em uma sociedade hierárquica, em que o poder está nas mãos dos indivíduos.

Quando um cérebro jovem vê uma injustiça política, por exemplo, não espera as próximas eleições, mas lança um blog com seus pontos de vista e vai ganhando cada vez mais adeptos. Mas será que isso pode fazer alguma diferença? Pode apostar que sim! É interessante observar que a campanha democrática na corrida presidencial americana de 2008 foi orientada em grande parte por doações, opiniões e questões veiculadas na rede.

Os apoiadores de Obama nasceram na internet. Souberam usar o meio para disseminar suas mensagens. O site Wired.com afirmou: "Obama deve sua vitória à internet. Usou a rede com mais eficiência do que qualquer candidato anterior, utilizando seu poder de organização para superar... Hilary Clinton... com 1,5 milhão de doadores angariados via internet... e seus apoiadores on-line criaram mais de 30 mil eventos para promover sua candidatura"!

De repente, a eleição dependia menos da máquina partidária e mais do trabalho de 30 mil correligionários na captação de apoio e dinheiro. Obama soube capitalizar esse novo poder. Depois dele a política nunca mais será a mesma.

Outros cérebros jovens estão dispostos a compartilhar sua opinião sobre produtos e serviços com outros cérebros jovens através de um sem-número de sites de avaliação. O Tripadvisor.com, por exemplo, fornece comentários sobre viagens de férias e hotéis; o Askanowner.com. solicita a opinião de usuários de produtos existentes no mercado; e o Amazon.com permite que os leitores publiquem sua avaliação de livros. De fato, há um site de avaliação sobre praticamente tudo: compras, restaurantes, tecnologia. E daí por diante.

É importante observar que o comentário ou crítica de um indivíduo às vezes tem o poder de promover ou arruinar qualquer coisa que esteja sendo avaliada. O poder da palavra pode melhorar ou destruir a reputação de marcas e produtos, mas geralmente isso leva muito tempo. A rede tem acelerado enormemente esse poder e feito dele uma arma letal.

Em 2004, a eficiência de uma fechadura que existia havia meio século foi por água abaixo, quando um curto *post* em um fórum na internet revelou que ela podia ser aberta com uma caneta de plástico. A empresa foi obrigada a oferecer a troca do produto aos clientes. Em um vídeo do YouTube, um cofre é aberto sem ferramentas em menos de 30 segundos. As duas empresas foram colocadas em risco da noite para o dia em consequência desses *posts* publicados por indivíduos comuns.

São muitos os exemplos do poder de pessoas que se reúnem de uma maneira informal, mas orgânica, para pressionar os que mandam.

O www.tescopoly.org foi "lançado em junho de 2005 para esclarecer e avaliar, com sua rede nacional e internacional de clientes, os impactos negativos do comportamento do Tesco (o maior supermercado do Reino Unido) sobre os pequenos negócios, as comunidades e o meio ambiente. Resultado: em 2006, o Tesco respondeu criando um Plano Comunitário e colocando o atendimento às comunidades entre os valores da empresa. O chefe executivo da rede, Terry Leahy, afirmou: "A mensagem que recebemos de nossos clientes é que eles querem ter mais poder para fazer escolhas sustentáveis e desejam ver o Tesco ativo em suas comunidades".

A mensagem é clara. Hoje, grupos constituídos informalmente têm o poder de criar políticas, mesmo dentro das maiores empresas. Cada vez mais, é o cidadão comum que influencia o andamento das coisas, e não os que estão no topo.

Mas o que isso tem a ver com o egoísmo esclarecido? Tudo. Porque em um mundo onde políticos, grandes empresas, grandes instituições etc. estão cedendo poder ao indivíduo, você tem que assumir maior responsabilidade sobre sua vida. Cada vez mais, você está na cadeira do piloto.

Além disso, é de nossa total responsabilidade controlar nossa vida e as consequências do que fazemos, porque ninguém mais pode fazer isso por nós. Na economia atual, estamos todos sendo cobrados a assumir responsabilidades por mais aspectos de nossa vida, enquanto o Estado e os empregadores reduzem seu papel.

Portanto, todos nós, individualmente, precisamos assumir a responsabilidade por nossa vida. Se não há ninguém mais no comando, cada um tem que controlar sua vida. Essa sabedoria foi incorporada pelos cérebros jovens. E é por isso que eles acreditam no egoísmo esclarecido.

Os cérebros jovens encontram tempo para desenvolver suas capacidades porque sabem que terão que assumir cada vez mais responsabilidades. Não é o momento histórico de sermos complacentes ou de nos contentarmos com o que já aprendemos. Este é o ônus que cada um tem que pagar por estar sentado na cadeira do piloto. Precisamos aprender a voar.

> **VIVENDO A SABEDORIA**
>
> Se você deseja exercitar seus músculos políticos, uma das coisas mais produtivas que você pode fazer nas próximas semanas e meses é entender e começar a participar de grupos de pressão na internet. Passe algum tempo apenas explorando os sites que tratam de algum problema particular e comece a participar dos fóruns de debate. A grande meta é criar um blog que se torne popular e influente.

2. Gerando autoestima

Vamos começar com mais duas provocações:

> 1. Qual foi a última vez que você arranjou tempo para se dedicar às suas necessidades ou investir em seus interesses?
> 2. Você está fazendo exercícios regularmente e está satisfeito com o seu corpo?

Praticamente todo mundo sofre de falta de autoestima de vez em quando. Até os mais otimistas às vezes duvidam de suas capacidades e de seu valor. Isso o surpreende? Não deveria. As pessoas que se envolvem com drogas ou em comportamentos de risco muitas vezes sofrem de baixa autoestima. Quantas pessoas assim você conhece? Todos conhecem astros e estrelas de Hollywood que passam por períodos de incrível euforia e depois entram em depressão quando a carreira passa por uma má fase e dúvidas profundas se instalam.

Saber que é humano ter dúvidas e autocríticas não ajuda muito, não é verdade? Se você tem baixa autoestima, quase tudo parecerá um desafio insuperável, e o contato com outras pessoas gera constrangimento e até uma sensação de ameaça. O problema da falta de autoestima é que ela mina a energia e solapa o poder.

A sabedoria do egoísmo esclarecido ensina que a autoestima é tão valiosa — e base para muitas outras coisas boas da vida — que deve ser conscientemente cultivada o tempo todo. Mas você precisa se empenhar ativamente em consegui-la, porque ninguém vai fazer isso por você. Em outras palavras, nesse aspecto da vida, você tem que ser totalmente egoísta.

E, naturalmente, vale muito a pena. Faça-se a seguinte pergunta: quero passar pela vida com a cabeça erguida ou estou feliz vivendo na sombra, com medo de mostrar o rosto?

VIVENDO A SABEDORIA

Livre-se de qualquer espiral de negatividade tendo um acesso mais realista a quem você realmente é e ao que você traz ao mundo. Como há muitas chances de você estar subestimando suas qualidades, faça o seguinte exercício. Separe três folhas de papel e coloque em cada uma: meus sucessos passados; meus talentos e habilidades; por que os outros gostam de mim. Preencha sistematicamente cada folha, citando exemplos da sua vida cotidiana — hoje e no passado. Volte atrás e absorva o fato de que, afinal, você não é tão ruim assim.

Desenvolvimento interior

Este é um objetivo de um cérebro jovem. Quem tem sabedoria continua aprendendo sobre o mundo, ampliando o alcance da mente, estimulando a inteligência. A sabedoria da juventude coloca isso em prática. Um cérebro jovem nunca para de aprender. A curiosidade sobre países, a paixão pelas pessoas, pela ciência, pela história, pela filosofia — o que mais se puder imaginar. Os *nerds* costumavam ser objeto de piadas; hoje quase não o são.

Uma vida inteira de aprendizado significa ter sempre um livro ao lado da cama. Significa não parar de viajar. Significa estar aberto à mudança — como já dissemos. Significa aprender tricô, uma língua estrangeira, computação, o que for. Significa inscrever-se num curso de culinária ou num seminário sobre pintura figurativa. Pode também significar aprender mais sobre a criação de filhos com a Super Nanny da TV!

Seja o que for que você faça, o desenvolvimento pessoal é importante. Não apenas para mantê-lo estimulado e vivo — embora isso seja positivo e desejável —, mas também para fortalecer sua autoestima. Você está se esforçando para melhorar. Você está se amando e se apreciando. Sim, você está sendo egoísta. Entretanto, o maior benefício é que você se torna uma pessoa mais interessante, mais amorosa e mais amada.

Em essência, trata-se de desenvolver sua integridade. Como ser honesto com os outros se você não consegue ser honesto consigo mesmo? Você não vai conseguir provar isso aos outros se primeiro não provar a si mesmo. Veja a questão de outro ponto de vista. Será que os outros vão respeitá-lo se souberem quanto você se deprecia? Eis o que disse o educador David O. McKay: "As grandes batalhas da vida são travadas todos os dias nos redutos silenciosos da alma". Se você deseja fazer o bem ao próximo, primeiro faça-o a si mesmo. É assim que pensa um cérebro jovem.

O best-seller de Stephen Covey *Os sete hábitos das pessoas altamente eficazes* trata das vitórias privadas que devem acontecer antes das vitórias públicas. O autor argumenta que "a decisão de nos tornarmos a força criativa de nossa vida é a mais importante das decisões. É o corpo e a alma da mudança. É o ponto essencial para a pessoa se tornar um agente de mudança".

Tony Adams, ex-capitão do Arsenal, time do futebol inglês, passou por uma longa sequência de situações embaraçosas provocadas pelo álcool, que ele narra detalhadamente em seu livro *Addicted* (Dependente). Ele conta que, quando finalmente decidiu pedir ajuda, aos 29 anos, sentia-se como um homem de 60. Quando superou o problema, em 2000, fundou a Sporting Chance Clinic, instituição destinada a ajudar esportistas dependentes do álcool, e voltou à Brunel University para estudar "antropologia social do futebol". Esta é a história de um homem famoso, que chegou ao fundo do poço perto dos 30 anos, mas investiu em seu desenvolvimento pessoal e foi capaz de encontrar saídas construtivas para ajudar outras pessoas a vencer dificuldades semelhantes.

Vale a pena acrescentar que esse trabalho de desenvolvimento pessoal tem tudo para ajudar você socialmente. Por exemplo, não é muito apropriado rotular alguns livros de "autoajuda", porque muitas vezes eles não apenas tratam do desenvolvimento puramente pessoal, mas também de como melhorar os relacionamentos interpessoais e sociais. Só por essa razão, já são fundamentais.

VIVENDO A SABEDORIA

Dedique-se sempre a um livro ou um curso de desenvolvimento pessoal. Deixe de lado qualquer ceticismo sobre a literatura de auto-ajuda e mergulhe nos clássicos desta literatura. Por exemplo:

> *Feel the fear and do it anyway* (Sinta o medo e faça o que tem que fazer,) de Susan Jeffer; *Como fazer amigos e influenciar pessoas*, de Dale Carnegie; *A mágica de pensar grande*, de David Schwartz; *Os sete hábitos das pessoas altamente eficazes*, de Stephen Covey.

Cultura do corpo

O egoísmo esclarecido também é resultado do bem-estar físico.

Eis duas perguntas impertinentes. Você se acha *sexy*? Você se acha atraente? Se você respondeu afirmativamente a essas perguntas, parabéns. Mas se você hesitou, corou, se recusou a levar a pergunta a sério ou respondeu negativamente, então você precisa de mais sabedoria da juventude em sua vida.

Ninguém é velho demais para não precisar ser atraente, ou mesmo sexy. Você nunca vai se livrar da impressão física que cria. Os cérebros velhos devem pensar que um dos benefícios de envelhecer é não ter que fazer esse jogo. Infelizmente, não é assim. Você precisa ser *sexy* em qualquer idade.

No mundo real, a aparência conta muito em qualquer idade, em qualquer condição social, financeira ou de saúde. E é mais difícil se envolver com as pessoas e ajudá-las se elas o acham fisicamente repulsivo.

Em *Blink — a decisão num piscar de olhos*, Malcolm Gladwell conta uma série de casos que mostram como usamos o que ele chama de "inconsciente adaptativo" — aquela parte do cérebro que chega a conclusões rapidamente. Num piscar de olhos, conhecemos uma pessoa e formamos uma opinião sobre ela. Dois segundos podem ser suficientes para decidir se essa pessoa é alguém de quem se pode gostar ou não. Como os seres humanos parecem programados para tomar decisões instantâneas como essa, não é importante ter uma boa aparência o tempo todo?

Naturalmente, os adolescentes e jovens adultos sabem tudo sobre sedução e *sex appeal*. O jogo da conquista faz com que eles se preocupem com roupas, com a maquiagem, com a higiene da boca e do corpo. Mas a cultura do corpo vai muito além de encontrar um parceiro, segundo a maneira de pensar de um cérebro jovem.

> "Faça com que sua mente pense jovem e seu corpo vai corresponder. Rejeite o pensamento de que é normal ter dor nas articulações e uma barriga que mais parece um saco de batatas. Muita gente tenta se destruir fumando, abusando do álcool, das drogas, sem ingerir alimentos saudáveis, sem fazer exercício, se estressando, danificando a pele com excesso de sol, com pensamentos negativos e ansiosos. Com um estilo e vida adequado, você pode viver saudável até os 100 anos e desfrutar cada ano." Bill Cullen

Qual o resultado de tudo isso? Você se manterá saudável, com bom preparo físico, forte e flexível. Com muita energia para queimar. Com um brilho interior. Com a sensação de que é atraente para si e para os outros. Com desejo sexual. E, mais importante, com orgulho de sua aparência. Você pode não ter nascido bonito, mas um brilho interior vai lhe dar um forte poder de atração.

Em que medida isso é "esclarecido"? Lembre-se: as pessoas gostam, amam e respeitam aqueles que acham atraentes. Raramente alguém chegou a ser um líder mundial não sendo magro e bronzeado. Alguém duvida de que a boa aparência de Ronald Reagan tenha trabalhado em seu favor? Bill Clinton não tinha *sex appeal*? Nelson Mandela teria o mesmo poder de atração se estivesse vinte quilos acima do peso?

Portanto, mais uma vez, a regra é: se você quer fazer o bem, primeiro faça a si mesmo. A baixa autoestima não é a receita para ser capaz de ajudar os outros. Sinta-se bem, apareça bem, faça o bem.

Às vezes, o egoísmo desanda para o narcisismo, que pode assumir muitas formas, mas as mais óbvias são preenchimento de lábios, cirurgia do nariz, *peelings* e abdominoplastias. É verdade que alguns jovens se deixam levar pela fantasia da regeneração. A genética é retrabalhada pelo bisturi de um cirurgião competente. Isso é sensato?

É evidente que se trata de um caminho sem volta e que, uma vez que você comece a manipular sua aparência dessa maneira, seja difícil parar. Cada vez é um pequeno detalhe. O importante aqui, para um cérebro jovem, parece ser a autenticidade. Para ter orgulho de seu corpo, é bom que ele seja seu — e um produto de seu esforço. Atalhos e superficialidade não vão liberar o impulso para o profundo respeito próprio de que você e os outros precisam. A cultura do corpo refere-se à capacidade de ter orgulho de si mesmo — como uma preparação para ajudar os outros. Portanto, se seu corpo está nas medidas ideais, ótimo. Mantenha-se em forma, vista-se bem e orgulhe-se de sua aparência.

VIVENDO A SABEDORIA

Em maior ou menor grau, todo mundo precisa afastar a preguiça. Tente não dizer: "Exercícios, dieta, meditação — não faço isso". Em vez disso, dê o primeiro passo. Experimente algumas coisas e veja o que lhe agrada. Talvez você descubra que ioga, ou meditação, ou cortar as bebidas alcoólicas, tem um surpreendente e significativo impacto positivo sobre seu bem-estar.

Defenda-se

Um cérebro jovem sabe que, numa sociedade mutável como a de hoje, os amigos simplesmente vêm e vão. Também sabe que a forte competição pode fazer o mundo parecer muito agressivo. Se for assim, você é seu maior amigo.

Nesse aspecto, o conceito de egoísmo esclarecido sofre uma sutil diferença. Trata-se de ser suficientemente autocentrado para se defender, ser gentil consigo mesmo, generoso com sua alma. Em uma sociedade ultracompetitiva, se você não se defender, ninguém o fará. Triste? Sim. Uma acusação à sociedade? Provavelmente.

Você talvez já tenha visto duas pessoas discutindo em voz alta em público. Numa sociedade cortês, ninguém devia fazer isso. Para haver respeito e boas maneiras, o bate-boca está proibido.

Entretanto, reveja a cena do ponto de vista do respeito próprio. Se alguém está sendo cruel, injusto ou vingativo, você, como indivíduo, não tem o direito de se defender? Infelizmente, a discussão está ocorrendo em público, mas às vezes não se pode escolher tempo e lugar. A explosão ocorre e você tem que lidar com ela no momento. Evitar a discussão e dizer que o assunto será discutido mais tarde, em particular, pode ser um sinal de que você não está seguro de si. O melhor é se defender da acusação no momento em que ela é feita.

Da perspectiva de um cérebro jovem, isso significa ter certeza do que se defende. Significa também autenticidade.

> "A autenticidade é importante na vida dos jovens. Significa que você é "verdadeiro", não representa um papel. Você mostra que é verdadeiro adotando pontos de vista claros. É sempre melhor ter uma opinião inflexível do que não ter opinião nenhuma. E a artificialidade é totalmente inaceitável." Adjiedj Bakas, Megatrends Europe

Em outras palavras, você corre o risco de ser considerado "rude" por alguém que se ofende facilmente, mas é melhor ser franco e honesto e defender seus pontos de vista do que segurar a língua e fugir da briga. Essa é uma situação que não tem vencedor. Você perde o respeito próprio, e o adversário perde a oportunidade de ter suas opiniões postas à prova.

> "Protelar a discussão dá à queixa um peso que seria evitado se a questão fosse resolvida assim que surgisse. Mostrar raiva logo depois que uma ofensa ocorre é a coisa mais generosa a fazer." Alain de Botton, *Ensaios de amor*

Veja, não estamos dizendo que a cortesia e o decoro não tenham o seu lugar. Mas, se você lhes der proeminência em todas as situações, corre o risco de ser ignorado ou mesmo esmagado.

Gostemos ou não, todo mundo tem que estar preparado para defender seus interesses, mesmo que isso provoque medos profundos.

> "Sempre que aproveitamos uma oportunidade e ingressamos em território desconhecido ou nos colocamos no mundo de uma maneira diferente, sentimos medo. Muito frequentemente, esse medo nos impede de seguir em frente. O truque é sentir o medo e fazer o que tem que ser feito." Susan Jeffers

A defesa de seus pontos de vista e seus interesses pode implicar muitas coisas. Implica conhecer seus direitos — e responsabilidades; determinar seus limites e deixar claro aos outros quando os ultrapassarem; ser assertivo — saber o que você quer e colocar isso sem ambiguidades. Pode significar também reclamar, discutir e cair fora.

Implica ainda respeitar sua singularidade e tirar dela o máximo proveito. Elogiar-se e dar-se recompensas pelo que foi benfeito e não ser duro demais com seus erros. Muito mimo? Por que não? Você merece. Você também merece ser feliz. Não há nada de errado em querer ter felicidade.

Ter a sabedoria de um cérebro jovem é reconhecer que, se você se renega e foge de quem você realmente é e do que realmente precisa, isso vai se refletir em todas as suas relações. Para ajudar e cuidar dos outros, você tem que começar por você. Você precisa se dispor ao desenvolvimento interior, à cultura do corpo, e aprender a se defender. Seja tudo o que você pode ser... e então retribua um pouco.

VIVENDO A SABEDORIA

Da próxima vez que alguém tentar passar por cima de você, desafie-o com um sorriso. Com isso, você lhe retira o poder e o guarda para si. Se isso não funcionar, parta para o ataque. Você deve isso a si mesmo: reúna seus argumentos, escolha o momento e defenda-se. Faça isso apenas uma vez e analise os resultados. Se for positivo, faça o mesmo da próxima vez que se sentir diminuído. Se sua tentativa de ser combativo der errado, simplesmente reúna suas forças, recalibre e tente de novo.

Encontre seu vínculo emocional

O cérebro velho é o que os cientistas sociais chamam de "referencial", querendo dizer com isso que o cérebro velho avalia a si mesmo por referências externas, ou seja, em comparação com os outros. Nessa avaliação, o cérebro velho considera-se melhor, pior ou semelhante a alguém.

O cérebro jovem faz poucas comparações desse tipo. Ele costuma ser o que os psicólogos chamam de uma pessoa "intrinsecamente motivada". O que importa não é o que os outros pensam, mas seus padrões internos, ou seja, se você se sente confortável e satisfeito com quem você é.

Isso faz parte do egoísmo esclarecido. Para um cérebro jovem, o egoísmo esclarecido é mais amplo do que apenas se encontrar, caso você tenha perdido o rumo. É também alcançar objetivos estabelecidos interiormente. Aprender, vivenciar novos sentimentos, dar ouvidos às próprias emoções — tudo isso é importante para desenvolver seu quociente de juventude.

Os resultados estatísticos abaixo mostram que, quanto mais jovem a pessoa, mais intrinsecamente orientada ela é.

% de concordância	15-17	18-24	25-34	35-44	45-54	55-64	+ de 65
Eu gostaria de ter novos sentimentos todos os dias	72	73	64	59	59	54	36

Fonte: Sociovision 3SC, Reino Unido, 2005.

Desenvolver uma orientação intrínseca é fundamental para quem quer pensar como um cérebro jovem. Se você já viu algum *reality show*, deve ter notado que, quando alguém é eliminado pela votação, geralmente deseja boa sorte aos participantes remanescentes e os aconselha a ser "fiéis a si mesmos". Isso talvez não pareça revolucionário, mas significa, por exemplo, que o cérebro jovem é mais emotivo, intuitivo e orientado internamente. O cérebro jovem grita, chora e mostra seus sentimentos.

O cérebro velho faz exatamente o contrário e, por isso, para ele, assistir a um *reality show* pode ser alarmante. Como o cérebro velho valoriza o que os outros pensam, tenta ser coerente e controlar suas emoções em qualquer circunstância. Portanto, considera a demonstração de sentimentos muito perturbadora — particularmente quando vê um homem maduro chorar.

Esse aspecto do cérebro jovem é o que chamamos de "vínculo emocional", ou seja, os sentimentos internos são canalizados diretamente para uma expressão externa das emoções. Consequentemente, quem possui esse vínculo costuma ser mais sincero nas relações com outras pessoas — mais ou menos a maneira extremamente direta com que as pessoas se relacionam verbalmente nas novelas de TV.

Por que o vínculo emocional é parte da sabedoria da juventude? Simplesmente porque ele liberta as pessoas para se tornarem verdadeiramente humanas.

Todo mundo tem sentimentos. Então, por que escondê-los? — diz o cérebro jovem. Ignore o que os outros pensam, esqueça as limitações sociais, esqueça a concha que construímos ao redor de nossas emoções à medida que ficamos mais velhos. É bom ter e expressar emoções. Elas nos ajudam a nos sentir vivos, elas se alimentam de nossas intuições e dos nossos mecanismos sensoriais inatos. Elas dão a um cérebro jovem uma orientação intrínseca.

VIVENDO A SABEDORIA

Da próxima vez que você vir alguém chorando em público (por exemplo, um atleta que acabou de perder uma competição), recuse-se a encará-lo como um perdedor. Dê aos outros o benefício da dúvida

> e veja suas reações como um sincero pedido de desculpas. Tenha mais compaixão pelas emoções alheias e você logo se sentirá mais aberto emocionalmente.

3. Ajude os outros

Para começar, duas perguntas provocativas:

> 1. Quando foi a última vez que você colocou suas necessidades acima das de alguém que pedia sua atenção – e sentiu que estava fazendo o que era certo?
> 2. Você está realizando alguma ação que possa realmente fazer diferença na vida de alguém menos afortunado que você?

Se suas respostas não foram convincentes, continue lendo e descubra como adotar uma mentalidade de verdadeira solidariedade.

Primeiro, seja egoísta

O egoísmo esclarecido é fundamental para quem quer recuperar a juventude. Entretanto, é particularmente importante para determinado grupo de pessoas — aquelas que passam uma parte significativa da vida cuidando do bem-estar dos outros.

Ajudar os outros — seja de que forma for — é significativo e gratificante. Ao mesmo tempo, é uma atitude essencialmente altruísta, que, levada ao extremo, pode fazer com que a pessoa que ajuda se sinta solitária e abandonada.

Portanto, doação humanitária que signifique perda da própria humanidade é uma estratégia errada. É importante você dedicar tempo e esforço a si mesmo e a suas necessidades emocionais. Só então você poderá dar aos outros o seu melhor.

Para pessoas abnegadas, esta sabedoria apresenta um enorme desafio. Entretanto, embora possa ser a princípio desgastante, entenda que é importante, por três razões:

Em primeiro lugar, diminui a tentação de usar essa dedicação aos outros como desculpa para não prestar atenção ao seu próprio desenvolvimento mental e emocional. É muito fácil se despreocupar com a aparência física e quase gostar de ser uma pessoa um tanto desmazelada.

Em segundo lugar, investindo tempo e esforço em si mesmo, você estará crescendo como ser humano, confirmando sua individualidade e seu poder de atração.

Em terceiro lugar, a confiança que se adquire com o crescimento e o desenvolvimento lhe permitirá se dedicar melhor aos que o cercam. Você terá mais energia, mais percepção e mais coragem.

A sabedoria da juventude ensina que a melhor maneira de amar os outros é amar a si mesmo. É o que recomendam as companhias aéreas em caso de repentina despressurização na cabine: primeiro coloque a máscara e só depois ajude a criança que estiver a seu lado. Você pode ajudar os outros com maior eficácia se estiver funcionando em plena capacidade.

Veja a situação por outro ângulo: se você investir em sua horta e tiver uma farta colheita, todos poderão se beneficiar. Vizinhos, amigos, familiares — todo mundo recebe alguns rabanetes, tomates e batatas. Da mesma forma, os cérebros jovens têm condições de dar mais, já que colheram os frutos de seu próprio desenvolvimento.

Chegar a um ponto em que o EU é importante pode não ser fácil para algumas pessoas. Mas uma forte vitalidade surge quando a pessoa adota a sabedoria da juventude e volta a se dedicar à sua vida emocional. Não se trata de ser fútil ou egoísta. Trata-se de redescobrir a própria importância como ser humano autêntico.

Não é egoísmo ou futilidade. É autonomia e satisfação. Os jovens fazem isso naturalmente, mas, à medida que envelhecemos, precisamos nos disciplinar para nos tornar egoístas dessa maneira esclarecida, de modo que realizemos nosso potencial como seres humanos.

Em essência, isso significa renovar a *visão* que você tem de si mesmo. Quando você começa a apreciar plenamente o valor que você agrega à vida que o cerca e a riqueza dos talentos, atitudes e capacidades que coloca à disposição dos outros, você se descobrirá capaz de renovar e reenergizar essas capacidades, ou seja, de adotar a maneira de pensar do cérebro jovem.

VIVENDO A SABEDORIA

Todos os dias, dedique algum tempo ao EU. Leve seu cão para passear; feche a porta e medite por 15 minutos; desligue o CD do carro enquanto estiver dirigindo. Use esses momentos para pensar em si mesmo, no que seu corpo e sua mente estão lhe dizendo, em suas necessidades. Depois de ouvir a si mesmo com atenção, desenvolva e implemente algumas ações que deem apoio à sua "criança interior".

Filantropia

Não vamos esquecer que nosso título engloba a palavra "esclarecido" por uma boa razão.

Nas sociedades desenvolvidas, mais de 70% das mulheres trabalham e, portanto, são obrigadas e reduzir seu envolvimento no cuidado dos filhos. Então, o que ocorre com os pobres, os necessitados, os fracos e os enfermos neste bravo novo mundo? Os menos favorecidos em nossa sociedade precisam de indivíduos que sejam esclarecidos para compensar a negligência dos governos.

A necessidade de filantropia é imensa. As sociedades ocidentais estão envelhecendo, e colocar os idosos em asilos está se tornando cada vez mais caro tanto para as famílias quanto para os governos. A exigência de cuidados de longo prazo em casa está, portanto, crescendo em índices alarmantes. Projeções para o Reino Unido revelam que *mais da metade das famílias do país terão um de seus membros atuando como cuidador por volta de 2020.*

Isso tem ramificações em várias direções. Uma é que organizações de todos os tipos precisam adotar o horário flexível de trabalho *já,* de modo que mantenham grandes massas de trabalhadores que teriam que deixar o emprego para cuidar de alguém da família.

Outra consequência é que esses cuidadores vão precisar de duas coisas. Uma é uma fonte de renda que complemente um benefício social que por acaso eles recebam (trabalho flexível novamente). A segunda é um apoio que garanta uma vida normal e equilibrada. Um apoio crucial será o egoísmo esclarecido. Cuidar de alguém exige grande esforço e é imensamente estressante.

O voluntariado é uma atividade que parece estar se tornando cada dia mais popular entre os jovens (embora muitos idosos também se envolvam nesse tipo de trabalho, porque, como veremos adiante, isso também diz respeito à sabedoria do envelhecimento). *Os cérebros jovens querem deixar uma marca no mundo em que vivem.* Pesquisas realizadas nos Estados Unidos concluíram que o voluntariado entre estudantes universitários cresceu aproximadamente 20% entre 2002 e 2005.

O voluntariado engloba estar disponível para os outros, aberto a possibilidades de mudança, ansioso por ação e adepto do egoísmo esclarecido. Pesquisas também revelaram que as pessoas se divertem muito no trabalho voluntário. Ao contrário do dever, que é uma obrigação e não tem nada de divertido, o voluntariado é, por definição, fruto da vontade. Ninguém deve se dedicar ao trabalho voluntário se isso não lhe trouxer satisfação.

Além do voluntariado e de se envolver em atividades e eventos filantrópicos, os cérebros jovens também costumam estar na linha de frente em outras questões sociais. Organizam movimentos de protesto e se envolvem em ONGs de todos os tipos. Os cérebros jovens também estão na vanguarda da luta pela preservação do meio ambiente — algo que os cérebros velhos levam certo tempo para aceitar.

Um cérebro velho costuma desistir do desejo de ser original, de fazer as coisas de maneira diferente e de fazer a diferença. E, quando buscam a mudança, provavelmente é fruto de instabilidade social. Como dissemos, o cérebro velho é referencial e tende a ficar apegado ao seu status social. Importa-lhe muito sua posição na escala social. Quando seu pensamento é dirigido para o lugar que você ocupa no sistema econômico, a filantropia costuma se limitar a doar mais dinheiro (ato que é reconhecido com o nome numa placa ou numa ala de um hospital) do que tempo (o que traz pouco reconhecimento, já que você é um dos muitos voluntários e as câmeras não estão presentes o tempo todo). O trabalho voluntário não rende dinheiro, e a satisfação é interna, merecendo pouco reconhecimento público.

> "O caráter de um homem pode ser avaliado pela maneira como ele lida com as pessoas que não podem lhe fazer nenhum favor." Johann von Goethe, 1749-1832

O cérebro velho não acredita mais que o que ele faz terá o menor efeito sobre o mundo que o cerca e se importa mais com seu próprio *status* social. O cérebro jovem, ao contrário, luta por seu direito a ser ouvido, a desafiar o *status quo* e a mudar o mundo. **Querer fazer a diferença é desejar ser alguém, ser um ser produtivo, tornar a vida dos outros melhor.**

Se você quer que algo seja feito, peça a uma pessoa ocupada. Melhor ainda: peça a um cérebro jovem.

Há ainda um bônus para o cérebro jovem altruísta. Está provado em estudos que o voluntariado mantém você jovem — mesmo em idade avançada.

> "Uma pesquisa realizada entre mais de seiscentos membros dos Community Service Volunteers (a maior organização de voluntariado do Reino Unido) mostrou que o trabalho voluntário gera benefícios para a saúde física e mental. Além da melhora na saúde mental, os voluntários ficam menos doentes e até têm uma considerável perda de peso." Tim Drake, *I want to make a difference*, Cyan, 2006

Este é outro círculo virtuoso. O cérebro jovem deseja fazer a diferença, e, ajudando os outros, continua sendo um cérebro jovem. Uma verdadeira situação de ganhar ou ganhar.

> **VIVENDO A SABEDORIA**
>
> Descubra por qual trabalho social ou ambiental você se interessa e engaje-se num trabalho voluntário. Trata-se apenas de fazer contato e envolver-se. Nada mais, nada menos.

Capítulo 5
Sangue novo

Felizmente, as gêmeas russas tinham uma à outra para conversar. Tinham acabado de chegar à sua nova escola em Milão na metade do ano letivo, e a professora estava preocupada com elas. Tinham perdido suas raízes na transferência para outro país, não sabiam falar italiano, e os colegas já tinham formado grupinhos e escolhido suas amizades.

Depois de um período de insegurança, Inga e Klara abriram um sorriso e foram em frente. Juntaram-se às outras crianças falando em russo, até aprenderem palavras suficientes em italiano para se fazerem entender. Alguns meses depois, cada uma tinha seus amigos e a professora estava encantada com seu progresso. Estava particularmente animada com a capacidade delas de criar laços com os colegas de classe, apesar das dificuldades da linguagem.

As gêmeas russas demonstraram um comportamento de cérebro jovem em sua forma mais natural e inclusiva. Sendo receptivas e engajadas, tinham transformado uma situação potencialmente hostil e alienante — permitindo que a vida se encarregasse de seu crescimento pessoal.

É uma triste ironia que muitos cérebros velhos — mesmo se comunicando em sua língua materna — se mantenham distantes e frios quando se veem num ambiente social diferente. Eles se sentem ameaçados por grupos de outro meio e por estrangeiros. Só dentro de seu círculo social eles se sentem confortáveis. Portanto, precisam aprender outra sabedoria da juventude. Precisam de uma mentalidade "sangue novo".

O que é sangue novo

Este capítulo mostra como incluir pessoas novas — sangue novo — em nosso círculo social. Na verdade, trata-se de dissolver a ideia de círculo social e criar uma postura de receptividade aos outros, sem limitações. Significa fazer amigos com frequência e com facilidade. Significa confiar mais e criticar menos os estranhos. Significa também ser menos tímido e mais extrovertido.

Maior receptividade oferece a possibilidade de novas amizades que não só revigoram sua personalidade, mas também suas velhas amizades. A presença de alguém novo e interessante no grupo de seus amigos e conhecidos pode transformar sua vida cotidiana. Relacionamentos que talvez estejam se desintegrando lentamente podem reviver. A chegada de sangue novo, com novas histórias e ideias, pode fazer a vida social mais viva e interessante.

> "Se um homem não faz novos amigos à medida que sua vida avança, logo se verá sozinho. Um homem, senhor, deve manter suas amizades em constante restauração." Dr. Samuel Johnson, 1709-1794

Não se preocupe, não estamos lhe pedindo que abandone seus velhos amigos. Apenas que aprecie genuinamente conhecer e se relacionar com estranhos. É por isso que um cérebro jovem tem muito mais experiências divertidas e estimulantes do que um cérebro velho.

Sangue novo significa sociabilidade, mas (como o egoísmo esclarecido) também poder de atração e, talvez, até *sex appeal*. A maneira como nos relacionamos com os outros depende de quão interessados neles nós estamos, porém também de quão interessantes e atraentes somos para eles. Por maior insegurança que você possa ter sentido no passado nessa área, se você se envolver sinceramente no plano de desenvolvimento pessoal sugerido no capítulo anterior, essas dúvidas logo desaparecerão. Com esse plano, aliado a algumas das sugestões deste capítulo, sua confiança e sua autoestima vão crescer, e a pessoa interessante e atraente que existe dentro de você florescerá para quem quiser ver.

Aceitar os outros

É impressionante como a receptividade aos outros se reduz com a idade. A tabela seguinte, resultante de uma pesquisa social britânica, revela alta correlação entre a disponibilidade para aceitar os outros e a idade cronológica.

% de aceitação	15-17	18-24	25-34	35-44	45-54	55-64	+ de 65
Participo de várias redes de relacionamentos	51	48	42	42	35	45	32

Fonte: Sociovision 3SC, Reino Unido, 2005.

À medida que ficamos mais velhos, tendemos a nos afastar dos outros e das múltiplas redes de relacionamentos. A queda começa quando chegamos aos 18 anos, e se torna mais acentuada depois do curto surto de sociabilidade que ocorre logo depois da aposentadoria.

Os jovens são mais sociáveis — como qualquer pai que tenha que pagar a conta do celular do filho pode atestar. Para eles, isso é natural, como o foi para as gêmeas russas. Entretanto, os cérebros jovens continuam gregários — seja aos 30 ou aos 60 anos. Você provavelmente conhece pessoas assim. Não se fica ao lado delas meia hora sem que seu celular toque várias vezes. As pessoas estão sempre aparecendo para um papo. Assim como as flores atraem as abelhas, elas estão sempre cercadas de gente. E os benefícios de toda essa socialização são enormes.

Benefícios do sangue novo

Veja alguns desses benefícios:

- Ajuda você a se manter ligado e informado.
- Mantém você interessado e interessante — até mesmo *sexy*.
- Gera novas ideias e informações atualizadas.
- Dá a você novas possibilidades na vida.
- Permite-lhe aprender mais sobre si mesmo — e sobre seu parceiro.
- Ajuda você a conservar as reconfortantes velhas amizades e mantém todos alertas.
- Reduz a dependência do seu atual círculo de familiares e amigos íntimos.
- Ajuda você a se sentir menos isolado e solitário, no crepúsculo da vida, à medida que os velhos amigos vão morrendo.
- Substitui a perda da rede social quando os filhos saem de casa e você perde contato com os amigos deles e com as atividades sociais dos jovens.

- Libera você para fazer mudanças substanciais em sua vida (se você fizer amigos naturalmente, uma transferência de cidade, por exemplo, parecerá menos ameaçadora).

Um cérebro velho costuma ser recluso

São conhecidas as histórias de celebridades reclusas, como Howard Hughes ou Greta Garbo, a quem é atribuída a famosa frase: "Quero ficar só". Infelizmente, o mundo é povoado por milhões de solitários em silencioso desespero. Em um mundo de 6,7 bilhões de pessoas, sentir-se só e não amado é uma das piores torturas.

Como isso acontece? Como é possível deixar de viver cercado de colegas de escola e de trabalho e passar a sentir que quase ninguém nota sua falta se você sai sem se despedir? Na verdade, para alguns, isso começa logo que deixam a escola, já que acham que não se deve misturar trabalho e vida privada.

Isso acontece, mais uma vez, porque a pessoa deixa seu cérebro envelhecer. Em vez de manter uma vida social interessante e vibrante, ela desanima e diz: "Basta. De agora em diante só vou conservar o que já tenho". Se já tenho amigos suficientes, por que procurar outros?

Também começa a perder a coragem de correr riscos e, para muita gente, nada parece mais arriscado do que se envolver com estranhos.

> "Todos os dias, faça uma coisa que o amedronta." Eleanor Roosevelt

Finalmente, os cérebros velhos começam a ficar teimosos. Assumem uma atitude de "quem quiser que me encontre", que, grosso modo, significa: "Não estou interessado em você o suficiente para fazer o esforço de manter um diálogo com você". Não admira que sua rede de relacionamentos se estreite.

A sabedoria da juventude ensina a evitar o perigo da reclusão, o que implica contestar seus valores e sair de sua zona de conforto. Além disso, trata-se de adotar novas maneiras de pensar.

Adote três maneiras de pensar de sangue novo

Quando se trata de fazer novas amizades, os cérebros jovens pensam muito diferente dos cérebros velhos e de meia-idade. Os cérebros jovens aceitam sangue novo em sua vida. Veja alguns exemplos:

- Relacionando-se com estranhos.
- Misturando-se à multidão.
- Confiando nos outros.

Vamos examinar cada uma dessas ações separadamente.

1. Relacione-se com estranhos

Eis algumas perguntas capazes de provocar qualquer cérebro velho:

> 1. Quantas pessoas você conheceu nos últimos três meses? Você ainda se mantém em contato com elas?
> 2. Quantos dos seus amigos são de condição social e raça diferentes?
> 3. Você tem amigos muito mais jovens que você?

Então, como você se saiu? Se você acha que tem muito o que fazer nessa área, tudo bem. As atitudes de cérebro jovem que vamos revelar a seguir podem colocar você no caminho de um cenário social gratificante. Você logo estará adorando a agitação do bate-papo com pessoas novas.

Carisma em vez de classe social

Estamos caminhando lentamente para uma nova era no que diz respeito à estrutura social. Houve um tempo em que os relacionamentos eram determinados pelas diferenças de classe. Antigamente, uma pessoa só tratava outra como igual se ela pertencesse à mesma classe social ou ao mesmo grupo racial. Caso contrário, provavelmente não seriam amigas. As forças que mantinham essas fronteiras estão descritas em livros como *Room with a view*, de E. M. Forster, e em filmes como *Titanic*, no qual o transatlântico não é o único a se chocar contra um obstáculo. A necessidade que Rose sente de calor humano também se choca com um iceberg chamado convenção social.

Hoje, em muitas sociedades, esta página está sendo virada. A classe social já não importa. A reverência é hoje reservada a celebridades e, às vezes, à realeza. Já não se exige automaticamente respeito aos membros das classes superiores. Eles têm que merecê-lo. Na sociedade atual, somos respeitados pelos que fazemos, não pela classe a que pertencemos. Isso muda tudo.

Para um cérebro jovem, em vez de ser uma ruptura da ordem social, esse nivelamento — às vezes chamado de democratização da sociedade — é algo muito positivo. Significa, por exemplo, que qualquer pessoa pode se tornar seu amigo. O que importa é fazer as mesmas coisas, ir aos mesmos lugares. O resto não interessa. Nasceram em uma classe social diferente? Irrelevante. Têm outra cor de pele? E daí?

A progressiva diminuição das convenções sociais e normas de etiqueta tem outras consequências importantes. Há menos casamentos arranjados e menos bailes de debutantes, por exemplo. De repente, o carisma importa. A pessoa que você é e o que você faz da sua vida tornam-se chaves de sucesso social, não de *status*. Mais uma vez, há espaço para todos.

Um cérebro velho tem dificuldade de aceitar — e até mesmo de enxergar — esse novo mundo nivelado. Diz coisas como "Você sabe que sou o chefe do comitê, não sabe?" e acredita que isso é suficiente para lhe garantir amigos e influência. Como chefe, ele acredita que vai encontrar amigos porque os que o cercam se sentirão intimidados diante de seu poder. Na hierarquia econômica, ele se apega à velha ideia de que o dinheiro pode comprar qualquer coisa — até mesmo amizades.

A realidade hoje é outra. Você pode ser um alto executivo, com muito dinheiro, muita influência, e encontrar a casa vazia quando volta do trabalho. A ascensão social pode ser antissocial. Além disso, em muitas sociedades, o relacionamento entre vizinhos está em declínio. Isso pode fazer o cérebro velho olhar por cima da cerca e se deparar com um muro de 2 metros de altura.

> Um livro importante que traça o declínio das redes de sociabilidade na América é *Bowling alone*, de David Putnam. Nele, Putnam adverte que nosso estoque de capital social (nossa rede de relações sociais) vem declinando radicalmente nos últimos 25 anos, empobrecendo nossa vida e nossas comunidades. Em vez de ir jogar boliche com um grupo de amigos, as pessoas, como o título sugere, agora jogam boliche sozinhas.

Novamente, é a personalidade, e não a posição social, que se torna cada vez mais importante para quem deseja ter uma vibrante rede social. Quem procura sangue novo pensa mais em ser interessante do que importante.

> **VIVENDO A SABEDORIA**
>
> De hoje em diante, faça o possível para fazer amizades com pessoas interessantes (em vez de procurar pessoas poderosas). Se uma pessoa o faz rir, estimula sua criatividade ou seu intelecto, saia da casca, seja amigável e passe mais tempo com ela.

Seja informal e acessível

Eis algumas perguntas. Você é capaz de tratar o vendedor de uma loja com espontaneidade e camaradagem quando lhe pede um conselho? Qual foi a última vez que você conversou naturalmente com a pessoa que estava sentada a seu lado no avião? Quando está esperando numa fila, você cruza os braços e fecha a cara numa pose de "nem se atreva a falar comigo"?

Algumas pessoas coram quando estranhos se dirigem a elas. E há também quem confesse que começa a suar — metafórica e até fisicamente — quando é apresentado a alguém. Se for o seu caso, é claro que você vai querer ser mais informal e acessível.

Se você se sente pouco à vontade diante de estranhos, saiba que essa é uma das maiores questões deste livro. Sim, você diz, quero rejuvenescer, mas posso conseguir isso sem interagir com estranhos? Se for esse o seu caso, a notícia reconfortante é que você não precisa fazer tudo o que recomendamos aqui. Todo mundo tem o seu calcanhar de aquiles, e a abordagem correta é aquela que não faz você suar frio.

Entretanto, isso não é desculpa para muita gente que não quer correr nenhum risco. Com um pouco mais de esforço e de confiança, você vai conseguir. Um cérebro jovem usa a informalidade e a acessibilidade para cruzar a linha invisível entre um frio distanciamento e um acolhimento caloroso. É o tipo de contato que implicitamente diz: "Não conheço você, mas talvez possamos ser amigos".

> **VIVENDO A SABEDORIA**
>
> Sabemos que é difícil, mas reúna forças e, da próxima vez que se vir diante de um estranho num trem, avião ou situação semelhante, inicie uma conversa, tente ser informal e, principalmente, acessível. Se a outra pessoa reagir calorosamente (provavelmente depois de algum tempo do início da conversa), é sinal de sucesso. Cumprimente o jovem que vive dentro de você e ofereça-lhe um bolo com café quando chegar à estação de destino!

Tire o máximo proveito da mobilidade

Provavelmente seus avós são da mesma cidade. Seus pais talvez tenham viajado para longe, porém ainda assim é provável que tenham se casado com uma pessoa da mesma região, raça e religião.

Mas hoje, depois de algumas décadas de alta mobilidade, encontramos casamentos e uniões civis inter-raciais, interculturais e de religiões diferentes. Quando uma pessoa é obrigada a pular de galho em galho por causa de seu emprego ou de sua vida social, essa excessiva mobilidade obriga o cérebro jovem a estar receptivo a pessoas de outras raças, outros credos e outras culturas.

Por quê? Porque, conhecendo pessoas todos os dias da semana, o nível de preconceito e ignorância começa a cair. Os estranhos são aceitos, e o que é hostil se torna normal. Inicialmente, você via apenas a cor da pele ou a fé de alguém, mas agora conhece essa pessoa, que passa a ser apenas Jo, ou Mahalia, Shaku ou Abe. São seres humanos que você conhece e ama, e não estereótipos raciais ou religiosos.

Encontrar com frequência pessoas de origens étnicas ou sociais diferentes torna-se algo estimulante. Enriquece os relacionamentos sociais. Para os cérebros jovens que vivem em cidades onde as misturas étnicas e sociais são mais variadas, restringir-se aos amigos da mesma origem seria monótono.

> Uma medida simples de mobilidade física é o número de viagens internacionais. Em 2006, quase 33 milhões de pessoas vieram à Grã-Bretanha. Foi muito sangue novo. Ao mesmo tempo, os residentes do Reino Unido fizeram 66 milhões de viagens ao exterior. Foram muitas oportunidades de fazer novas amizades.

Diante dessa mistura global, um cérebro velho, que se recusa a aceitar os outros, deixa de desfrutar uma rica experiência. E, talvez mais importante, recusa-se a reconhecer que o mundo hoje é multicultural. Abrir-se aos outros — seja qual for a sua origem — é uma necessidade fundamental para quem quer se sentir à vontade no mundo contemporâneo.

> Vou contar uma história de um típico cérebro jovem. Uma jovem espanhola de 27 anos pertencia a um meio social bastante modesto — seus pais não tinham educação superior nem tinham viajado

> dentro ou fora da Espanha. Quando foi para a universidade, ela passou a conhecer pessoas de diversas origens, um intercâmbio que aumentou ainda mais quando foi trabalhar no exterior. Seu primeiro emprego, como analista de um banco internacional, a levou a Frankfurt, depois Nova York e finalmente a Londres. Quanto mais lugares visitava, e quanto mais pessoas conhecia, maior era sua facilidade para fazer amigos — independente de sua raça ou sua origem. Tendo amigos e colegas de trabalho espalhados pelo mundo, volta e meia ela era convidada a um casamento na Índia ou uma festa em Miami. Muitos fins de semana foram passados em aviões que cruzavam o globo. Seu namorado espanhol há muito ficou para trás. Agora ela está namorando um sul-africano.

Ninguém pode negar as imensas mudanças sociais provocadas por uma mobilidade física cada vez maior. Um cérebro jovem percebe essa realidade, alegra-se com ela e participa dela. O resultado é que seus relacionamentos florescem.

> **VIVENDO A SABEDORIA**
>
> Empenhe-se em fazer amigos de diferentes meios sociais. Não tenha apenas amigos da mesma cidade, mas mantenha contato regular com pessoas que vivem em outros países. As férias são ótimas oportunidades para isso — mas só se a obrigatória troca de endereços no fim da viagem se transformar rapidamente em contatos quando você voltar para casa. Com e-mail e MSN, ninguém tem mais desculpa para não fazer isso.

Crie novas redes de possibilidades

Vivemos em uma sociedade cada vez mais interligada, principalmente pelas novas tecnologias, como o telefone celular e a internet.

O número de pessoas conectadas à internet ou de posse de um celular cresce de minuto a minuto. Com a explosão da telefonia celular, em alguns países há mais celulares do que telefones fixos. É fácil constatar que, no mínimo, uma terça parte das pessoas que aguardam sua bagagem nos aeroportos está ao telefone. A tecnologia sem fio vai fazer com que haja laptops — ou o que venha a substituí-los — on-line 24 horas por dia, sete dias por semana.

Em um mundo tão cheio de informação, o cérebro jovem sabe que tem que estar "sempre ligado" (voltaremos a este assunto no próximo capítulo) e pronto a iniciar uma conversa com qualquer pessoa em qualquer tempo. Isso tem estimulado — e confirmado — o desejo de ir *ao encontro* dos outros em vez de se manter na zona de conforto de velhos amigos e conhecidos.

> Muita gente já deve ter ouvido falar do site de relacionamento MySpace, mas poucos talvez tenham se dado conta do sucesso da iniciativa de apresentar pessoas que não se conhecem.
>
> Em apenas um mês, março de 2007, mais de 55 milhões de pessoas visitaram MySpace.com. Impressionante, não? Mas tem mais. Em média, cada participante gerou 489 visitas por mês.
>
> É uma enorme quantidade de tempo de navegação e um monte de relacionamentos sociais! E esse é apenas um dos mais populares sites de relacionamento (Facebook, outro site de relacionamento, hoje já deixa MySpace comendo poeira). *Fonte: Nielsen/Net Ratings: www.itfacts.biz*

> Uma recente pesquisa realizada nos Estados Unidos revelou que as mulheres passam 453 minutos por mês falando ao celular, enquanto os homens... bem, os homens gastam ainda mais tempo: 458 minutos por mês! As mulheres, porém, gastam mais tempo no telefone fixo — mais 455 minutos por mês. Isso representa mais de 15 horas de conversa por mês — ou 3% de sua vida. *Fonte: AST&T: www.att.com*

Qualquer leitor que tenha um filho ou uma filha adolescente provavelmente vai achar isso pouco em comparação com o que ele vê todos os dias em casa. Não admira, portanto, a afirmação de que a tecnologia está facilitando nossa receptividade aos outros.

Para um cérebro jovem, esses avanços tecnológicos não são apenas mecanismos destinados a acelerar e facilitar a comunicação entre as pessoas. Eles fortaleceram os laços e ampliaram as redes de relacionamentos. Isso pode ser visto como a nova cultura da conectividade.

Pergunte a um cérebro jovem o que ele está fazendo quando fala ao telefone, por exemplo, e você pode se surpreender com a resposta. Muitas vezes, não se trata de transmitir informações, mas de comunicar os próprios sentimentos em tempo real. Um cérebro jovem pode dizer, por exemplo: "Estou no ônibus", quando o que está sendo comunicado na verdade é: "Estou muito animado com nossa noitada".

Qualquer pessoa que já tenha visto um jovem teclando uma mensagem no celular ou trocando e-mails ou mensagens no computador conhece a excitação gerada por esse novo diálogo em tempo real.

Comunicar emoções dessa forma em uma corrente de consciência cria laços mais firmes com amigos íntimos do que um cérebro velho poderia imaginar. Estar "sempre ligado" significa estar sempre disponível — e o que mais você pode esperar de seus amigos?

Não estou dizendo que escrever cartas, por exemplo, não seja uma maneira elegante e íntima de se relacionar com os amigos. Mas, quando você derrama seu coração em uma carta, a empatia e os melhores conselhos de seus amigos demoram vários dias para chegar até você. A essa altura, você já pode estar em outro estado emocional.

Por outro lado, o acesso quase instantâneo a seu melhor amigo via celular, quando você chora suas mágoas, lhe permite receber o sentimento no momento em que ele é mais necessário. Assim surgem amizades profundas.

Como dissemos, a cultura da conectividade diz respeito a relacionamentos mais profundos — e também mais amplos. Novas redes de relacionamento significam que o cérebro jovem fortalece mais os relacionamentos do que um cérebro velho poderia imaginar.

Um cérebro velho geralmente tem poucos amigos e algumas dezenas de conhecidos. Neste novo mundo tecnológico, o cérebro jovem tem centenas — ou até milhares — de contatos. Como qualquer pessoa que tenha uma página no MySpace ou um registro no Facebook sabe, os contatos surgem facilmente.

> Malcolm Gladwell afirma que, por timidez, algumas pessoas evitam cultivar novos relacionamentos dizendo: "Temos nosso círculo de amigos queridos. Conhecidos nós mantemos a certa distância. Não queremos nos sentir obrigados a jantar com eles ou visitá-los quando eles estão doentes. O propósito de conhecer alguém novo, para a maioria de nós, é avaliar se queremos transformar essa pessoa num amigo". Essas pessoas têm um raciocínio de cérebro velho.
> Gladwell também conhece pessoas que têm a capacidade de estabelecer relacionamentos sociais amigáveis, mas casuais. A essas pessoas ele chama de "conectores", dotados de uma sabedoria da juventude que lhes permite "ocupar muitos mundos, subculturas e nichos diferentes... porque possuem algumas qualidades intrínsecas: curiosidade, autoconfiança, sociabilidade e energia". *Fonte:* Malcolm Gladwell, *O ponto de desequilíbrio*, 2000

Em vez de rejeitar a superficialidade das salas de bate-papo e das amizades feitas pela internet, precisamos pensar nas consequências. A capacidade de aceitar e desenvolver um grande número de relacionamentos se transfere para o mundo real. O que estamos dizendo é que existem hoje diferentes maneiras de atrair sangue novo, e que elas precisam ser levadas em consideração — e praticadas — por qualquer pessoa que queira aumentar seu quociente de juventude e prevenir o envelhecimento de seu cérebro.

Estabelecer contato com outras pessoas abre muitas oportunidades para o cérebro jovem. Mantém a vida renovada e agradável.

Se você ainda não está fazendo isso, que tal se conectar hoje mesmo?

VIVENDO A SABEDORIA

A internet é algo que você faz rapidamente, e não algo em que você pensa devagar. Então, vá em frente. Crie uma página no MySpace, trace o seu perfil, entre em grupos de discussão, conecte-se com pessoas parecidas em algum site de seu interesse, restabeleça contato com colegas de escola "perdidos". Seja como for, tome cuidado com as informações que você divulga a seu respeito e não responda a contatos duvidosos e não solicitados. Mas, em geral, seja positivo e veja quantas amizades vão fluir. E lembre-se: você sempre tem a opção de se desconectar!

Conhecer pessoas e descobrir mais sobre elas significa aprender mais sobre o mundo. Você pode ser apresentado a aventuras e divertimentos que jamais imaginaria ter se não estivesse receptivo a novas pessoas e novas experiências. Fatos novos e experiências interessantes que jamais estiveram na tela do seu radar podem tornar-se disponíveis.

O simples fato de conhecer alguém pode mudar completamente a maneira como você passa o seu tempo.

E, à medida que se relaciona com novos amigos, pode aprender coisas novas sobre você ou sobre seu parceiro.

2. Misture-se à multidão

Eis duas outras perguntas para testar sua maneira de pensar atual:

> 1. Quantas vezes você saiu com um grupo de amigos nos últimos três meses?
> 2. A quantas diferentes redes sociais (associações, clubes, diferentes grupos de amigos etc.) você pertence?

Surpreso com suas respostas? Não se preocupe. Você decidiu ler este livro porque quer mudar sua vida. Você deseja rejuvenescer. Sentir-se confiante em meio à multidão é parte da solução.

Procure emoções coletivas

Um cérebro jovem fica à vontade em meio à multidão. Ele gosta da vibrante diversidade de uma reunião pública e da demonstração coletiva de emoções. Chamamos a isso o desejo de pertencer à multidão.

Naturalmente, nem todo mundo gosta de multidões — e você talvez seja uma dessas pessoas. Multidões podem ser barulhentas, sujas e atrair todo o tipo de gente. Podem ser promíscuas e perigosas. Você pode ser empurrado e apertado e se sentir claustrofóbico. Por que sair do seu sossego para se juntar à massa?

Entretanto, se você costuma fugir das multidões, pense bem. Pessoas que dizem: "Não vou lá porque vai haver muita gente" tem mentalidade de um cérebro velho. Um cérebro jovem se diverte em meio à multidão, como mostram os seguintes dados:

% de aceitação	15-17	18-24	25-34	35-44	45-54	55-64	+ de 65
Eu me divirto em meio à multidão	75	74	65	58	51	47	29

Fonte: Sociovision 3SC, Reino Unido, 2005.

As consequências dessas atitudes podem ser vistas na explosão dos festivais de música de todos os tipos ao longo da última década. Na Inglaterra, os mais famosos festivais de música têm incluído Glastonbury, Reading, Glyndebourne e a Ilha de Wight. Mais recentemente, tantos outros surgiram que já se fala em saturação.

Mas o desejo de se divertir junto com muitas outras pessoas não se limita à música, naturalmente. Também ocorre em eventos esportivos, parques temáticos, exposições e manifestações. Pense em recentes eventos de massa — as comemorações dos oito anos do 11 de Setembro, o concerto comemorativo do décimo aniversário da morte da princesa Diana, o concerto em honra a Nelson Mandela. A história é clara. As multidões exercem forte atração. Por quê?

Participar de reuniões de massa indica muitas coisas. Indica que você está feliz com a humanidade e respeita seus concidadãos. Mostra que você confia nos outros (vamos voltar a isso em breve) e acredita que eles confiam em você. E, o mais importante, revela seu anseio por emoções coletivas.

Um cérebro jovem sabe que os eventos de massa são momentos raros, que, em circunstâncias adequadas, podem permitir um contato verdadeiro com as próprias emoções.

E não apenas emoções comuns, mas emoções coletivas que só em eventos desse tipo ele pode experimentar.

Você já teve essa experiência? Dizer que são sentimentos fortes seria subestimá-los. Geralmente, a gente se sente em paz e em união com a humanidade. Essa descarga emocional pode ser de natureza espiritual ou, às vezes, altamente sensual.

> Em 2002, a rainha Elizabeth II comemorou seu jubileu de ouro. Houve uma festa no palácio para 12 mil convidados, com um espetacular concerto de música. Para o público em geral, uma celebração foi organizada em The Mall. Os organizadores previram a presença de centenas de milhares de pessoas, mas ficaram surpresos ao ver cerca de 1 milhão de pessoas dançando noite adentro. Seriam todas elas fervorosas monarquistas? Claro que não. Muitas eram apenas cérebros jovens querendo festejar e sentir a emoção de "fazer parte" da multidão.

> Uma pesquisa recente sobre o comportamento de consumo no West End de Londres mostrou uma enorme diferença entre as faixas etárias. Os consumidores mais velhos evitam a qualquer custo a Oxford Street e outros shoppings centrais. Por quê? Porque o transporte público fica sobrecarregado, as ruas, congestionadas, e as lojas, lotadas. Terrível.
> Os consumidores jovens, ao contrário, gostam dessa confusão. O que é um inferno para os mais velhos parece um paraíso para os jovens. Eles adoram a vibração, a energia e a rica diversidade de Carnaby Street e Covent Garden. E, em vez de fugir das multidões, escolhem um lugar porque outros como eles também o escolheram. Ali, eles podem sentir emoções coletivas positivas.

VIVENDO A SABEDORIA

> Pergunte a alguns adolescentes ou jovens por que eles gostam de multidões e por que é importante para eles ir a eventos de massa. Abra a mente para ouvir a resposta. Pergunte-se: "Estou perdendo algo estimulante e libertador?"

Encontre amigos na multidão

Pesquisas revelaram que mudou muito a maneira como escolhemos nossos amigos. Hoje, a prática vale mais que os princípios. Em outras palavras, temos maior probabilidade de escolher amigos que fazem as mesmas coisas e vão aos mesmos lugares que nós.

Pense nisso por um instante. Você costuma encontrar amigos através de suas atividades? É mais provável você fazer amigos no trabalho, no clube ou num local de diversão do que escolhê-los pela classe social ou pelo comportamento? Aqui vamos repetir um tema de que já tratamos antes neste capítulo.

Naturalmente, se você conversar com outros cérebros velhos, eles vão lhe dizer que seus amigos devem partilhar seus ideais. Que é importante ter a mesma visão sobre questões ideológicas importantes, como política, religião e moral. Portanto, se você se sentir ligeiramente incrédulo sobre os resultados da pesquisa supracitada, infelizmente é seu cérebro velho soprando ao seu ouvido.

Os cérebros jovens sentem cada vez menos necessidade de compartilhar valores com os amigos. Na verdade, uma divergência saudável, de vez em quando, sobre direitos dos gays ou questões ecológicas talvez seja exatamente o que mantém viva a amizade.

Portanto a sabedoria da juventude ensina: tente não concordar com seus amigos sobre valores e crenças. É possível vocês terem pontos de vista contrários e continuarem amigos. Isso tem imensas implicações para a amizade. Pode, por exemplo, abrir seu círculo de amigos para incluir milhões de indivíduos com os quais você discorda fundamentalmente!

Por outro lado, quanto mais coisas fizer, mais amigos você vai encontrar. Parece óbvio, não? Saia por aí, junte-se a novas redes de relacionamento e com certeza você vai encontrar sangue novo. E, como ir aos mesmos lugares é fundamental, um dos lugares mais férteis para conhecer pessoas é a multidão. De fato, essa é outra razão pela qual se juntar à multidão é uma emoção tão forte. Você estará compartilhando tempo, lugar e acontecimento com outras pessoas. E aí poderá fazer amigos facilmente.

Não pense que as agências de propaganda ignoram essa análise. Observe quantos eventos de massa são patrocinados por grandes empresas. Seja em festivais de rock, concertos, maratonas ou eventos beneficentes, os marqueteiros sabem que a mistura de emoções coletivas e novas amizades tem enorme potencial. Esses eventos pegam as pessoas num momento em que abriram a mente a influências externas e estão fortemente sensibilizadas. Se as multidões são receptivas a novas amizades, vamos fazer com que minha marca também seja uma nova amiga.

O patrocínio de grandes estádios é outra prova disso. Não faltam exemplos espalhados pelo mundo.

Naturalmente, não estamos dizendo que princípios não têm importância — apenas que importam menos quando se trata de encontrar amigos potenciais. Os opostos se atraem. Se você tem fortes pontos de vista ideológicos, talvez lhe traga algum conforto saber que alguns dos eventos onde se pode fazer amigos são beneficentes.

Por exemplo, uma pesquisa sobre o voluntariado revelou que uma forte razão para o envolvimento é a possibilidade de criar uma vida social. O voluntariado tira a pessoa de casa e joga-a nos braços de um grupo de ativistas acolhedores e apaixonados. Além disso, os eventos beneficentes organizados por voluntários podem ser uma enorme fonte de emoções coletivas. Na Race for Life (Corrida pela Vida), realizada no Reino Unido em benefício das pesquisas de combate ao câncer, muitos corredores levam placas ao redor do pescoço homenageando um ente querido perdido para a doença. Nada mais tocante.

Por outro lado, eventos beneficentes de massa, como o Red Nose Day, provam que campanhas para angariar fundos podem ser divertidas.

Resumindo: os cérebros jovens adoram o *frisson* das multidões, a interação, a emoção comunitária, as amizades que se formam, o fato de pessoas diferentes se reunirem em harmonia. Siga o exemplo deles e permita que essa união com as massas crie novo significado em sua vida.

VIVENDO A SABEDORIA

Comece a se juntar às multidões e aprecie a animação dos grandes eventos. Esteja atento, descubra o que está acontecendo e, para variar, esqueça o preço. Alguns eventos são caros, mas representam um investimento no futuro — e na sua juventude.

Concentre-se em aproveitar a festa e aproveite a oportunidade para se abrir a pessoas diferentes e, quem sabe, a novos amigos. Se não houver nenhum grande evento programado para breve, organize uma festa ou convide um grupo a se reunir num bar na próxima sexta-feira à noite.

---

3. Construa a confiança

Eis seus desafios:

1. Você está preparado para ser você mesmo e baixar a guarda quando está com amigos?
2. Se um motoqueiro cair da moto diante de sua casa, você o convidaria para entrar até ele se recuperar?

Pesquisas sucessivas mostraram que estamos perdendo a confiança em nossas instituições e nos poderes constituídos. Jornalistas, políticos, até médicos e cientistas têm níveis declinantes de confiança pública. Mas você está errado se concluir que a descrença está em toda parte. Os cérebros jovens mostram alto grau de confiança. Na verdade, para trazer sangue novo para sua vida, você terá que dar aos outros o benefício da dúvida. Você precisará ser capaz de confiar nos outros e, ao mesmo tempo, construir a confiança deles.

> Recente consulta publicada em um jornal: "Um passado doloroso me deixou solitário e sem amigos. Quando criança, fui maltratado e até espancado. Desde então, sinto-me rejeitado e isolado. Agora aos 50 anos estou sozinho e não consigo confiar em ninguém. O que posso fazer?". Citado em *The Guardian*, 31/7/2008

Abra-se

Confiar é fundamental para vencer as inevitáveis desconfianças dos relacionamentos humanos. Porque na amizade, assim como no amor, não existe contrato garantido por lei. Você não pode obrigar ninguém a amá-lo.

A confiança tem um aspecto moral. Com isso queremos dizer que, para um relacionamento ser autêntico, a amizade não pode esperar receber algo em troca.

> "No mundo contemporâneo, a confiança está no cerne da verdadeira amizade. Não existem contratos ou regras que nos liguem a nossos amigos mais íntimos: simplesmente temos que confiar neles. Sem confiança, a amizade não prospera. Raymond Pahl, *On friendship*

A confiança se manifesta de várias maneiras. Uma das mais importantes, neste contexto, é a confiança de se abrir aos outros. Naturalmente, precisamos manter os olhos bem abertos, porque devemos reconhecer que, quanto mais nos abrimos aos outros, mais os outros podem nos trair. No entanto, precisamos confiar que os outros não vão explorar nossa vulnerabilidade nem nossa receptividade. O único contrato entre amigos é o contrato do coração.

> O seguinte fato aconteceu em um ônibus londrino. Uma jovem muito atraente iniciou uma conversa amigável com um homem de meia-idade. Era, evidentemente, um cérebro jovem em ação: espontâneo, autêntico e totalmente confiante de que suas intenções não seriam mal interpretadas. Algumas paradas depois, ela saltou do ônibus com um simpático "tchau". Ela agiu de maneira tão aberta porque sua experiência anterior lhe mostrara que conversar com estranhos era *gratificante* — e não perigoso.

Não estamos sugerindo que você aja de maneira descuidada. Se tiver motivo para suspeitar de alguém ou suas antenas registrarem uma advertência instintiva de perigo, é claro que você deve ir com cuidado. Mas, regra geral, confie em que os outros são seres humanos bons e generosos, que, também eles, estão buscando um pouco de calor humano e amizade. E, se alguém se abrir para você, responda com entusiasmo, e não com desconfiança.

> "Gostemos ou não, viemos a este mundo para fazer parte da grande família humana. Rico ou pobre, educado ou ignorante, qualquer que seja seu país, sua religião ou sua ideologia, cada um de nós é apenas um ser humano igual aos outros: todos desejamos felicidade e não queremos sofrer." Dalai Lama

Deixar um completo desconhecido dormir em seu sofá por cinco dias? Por que não, se ele também se inscreveu no couchsurfing.com*? Qualquer membro da comunidade faria o mesmo por você. Fazer um intercâmbio de casas por três semanas durante as férias de verão? Sem problemas! Abrir sua casa para realizar uma feira de trocas? Por que não?

Os cérebros velhos, infelizmente, pensam diferente. O cérebro velho teme que uma simples conversa com um desconhecido acabe impondo alguma responsabilidade sobre seus ombros. Acha que o interlocutor quer algo dele, deseja levá-lo a algum lugar aonde ele não quer ir. É mais seguro não dizer nada ou, quando pressionado, conversar sobre o tempo.

Para um cérebro jovem, não dizer nada não é uma opção. Na verdade, ele chega ao extremo oposto. Um cérebro jovem é emocionalmente disponível e fiel a si mesmo. Isso é fruto da confiança. Expondo-se diante dos outros, o cérebro jovem confia que essa vulnerabilidade emocional será respeitada e, provavelmente, retribuída.

Por outro lado, o cérebro jovem não confia em quem reprime as emoções e paixões — isso lhe parece artificial e revela que a pessoa (um cérebro velho) está escondendo algo. Isso é significativo e assinala uma imensa mudança na maneira como a sociedade atual avalia os outros. Como vimos, rigidez era sinal de que a pessoa era confiável. Hoje, uma pessoa que se esforça por dominar as emoções é vista com suspeição. Abrir-se aos outros significa não ter segredos. Significa menos hipocrisia e mais autenticidade.

---

* Couchsurfing é um serviço de hospitalidade com base na internet. É uma comunidade de pessoas que oferecem hospitalidade a turistas estrangeiros. Há cadastrados em mais de 50 mil cidades de mais de 200 países. (N. do E.)

> Uma antiga máxima diz que "quem nunca fica bêbado na frente dos outros tem algo a esconder". Não se trata de aprovar o abuso de álcool. É apenas uma demonstração de como um cérebro jovem confia nos outros cérebros jovens. Embebedar-se com os amigos demonstra quanto você está à vontade com eles, que na manhã seguinte quase nada do que você fez ou disse será usado contra você. E você não deve jamais mencionar as indiscrições de seus amigos.

VIVENDO A SABEDORIA

Se você tem dificuldade de se abrir, experimente o seguinte. Da próxima vez que estiver longe de casa, pegue um táxi e bata um papo aberto como você jamais sonhou fazer em condições normais. Veja o que isso provoca em você e monitore seus sentimentos. Talvez você se sinta mal depois — mas pelo menos você tentou. No entanto, talvez se sinta livre e mais disposto a ter uma conversa mais intensa e cheia de confiança com seus amigos quando voltar para casa.

Naturalmente, cabeleireiros e esteticistas podem servir ao mesmo propósito, porém, em geral, o ambiente é menos privado e a proximidade de casa é muito grande.

A privacidade pode ser uma prisão

O avesso da receptividade é a privacidade. "Mantenha o nariz longe dos negócios alheios", ensinam os pais educados. "Guarde sua opinião para você" e "meta-se com os seus assuntos" eram a regra. Mas a vida mudou.

O interessante é que as mulheres têm um cérebro mais jovem que os homens nessas questões. As mulheres costumam se preocupar mais com os outros. Lembram o nome dos filhos dos amigos, sabem em que idade e em que fase da vida eles estão. Falam sobre outras pessoas, sobre o que elas estão fazendo e que problemas estão enfrentando porque, para elas, isso é importante. Mulheres pensam em termos de eu-nós.

Quando dois homens com cérebro de meia-idade se encontram, não é para falar da vida privada nem da vida dos outros. Os temas mais comuns de conversa são a vitória do time ou alguma compra que acabaram de fazer. Brinquedos de meninos aparecem muito nas conversas entre homens. Se por acaso a esposa lhe conta que um dos casais amigos está se divorciando, o choque é enorme.

Isso jamais acontece com um cérebro jovem — de ambos os sexos. A indiscrição nunca é vista como tal. O cérebro jovem diz o que pensa e espera que os outros façam o mesmo. Poucos assuntos são tabu; do tamanho da conta bancária ao tamanho do... bem, você pode concluir.

Os cérebros jovens entendem que "não meter o nariz" não faz sentido! Entendem também que timidez, reserva e privacidade podem mantê-los prisioneiros de si mesmos. Encontrar sangue novo é trocar experiências com os outros e não se sacrificar a uma vida estoica.

VIVENDO A SABEDORIA

Quando um amigo fizer uma revelação pessoal numa conversa, não fuja do assunto. Quando alguém se abre a ponto de revelar um sentimento íntimo, um verdadeiro amigo não pode lhe faltar.

Muitas vezes, principalmente entre homens, a revelação íntima não será facilmente percebida, a não ser que você esteja ouvindo de verdade seu interlocutor. Por exemplo, alguém (no caso, uma pessoa que geralmente tem dinheiro guardado) pode dizer, quase de passagem: "Ah, eu gostaria muito de ir com você, mas acho que não posso pagar". Um amigo interessado se apegaria a isso e lhe perguntaria como surgiu essa dificuldade financeira. Outro amigo pode contar que está passando muito mais tempo fora de casa. Essa pode ser uma pista para uma conversa sobre problemas no casamento.

Informe-se

Esta é uma questão importante. Cada vez mais, só confiamos nas informações de "pessoas como nós". Equipes de venda, cientistas, publicitários, jornalistas, políticos — são todos menos confiáveis do que nossos amigos e conhecidos. Por que os blogs se tornaram de repente tão populares? Por que a publicidade cresceu tanto no mercado virtual? Por que os programas de mensagens, salas de bate-papo e sites de análises econômicas floresceram tanto? Porque, cada vez mais, extraímos informações e tomamos decisões com base em uma rede de "pessoas como nós".

Quer comprar um M3player? O cunhado é o verdadeiro especialista no assunto — não o vendedor da loja. Quer resolver um problema de saúde? Mais do que seu médico, é o amigo de um amigo que conhece um remédio de homeopatia infalível. Quer comprar um Toyota novo? Os comentários de donos de Toyota na internet são mais confiáveis do que os do site oficial da fábrica.

Você provavelmente já sabe qual a primeira razão que leva as pessoas a mudar de uma marca para outra. Preço baixo. Mas em segundo lugar, bem próximo, vem o conselho dos amigos próximos. A propaganda e as malas-diretas aparecem no fim da lista.

Agora, lembre-se: "pessoas como eu" não são as que compartilham as mesmas ideias e opiniões. Como dissemos, são aquelas que frequentam os mesmos lugares que eu. E, entre esses lugares, estão incluídos os virtuais, ou seja, os mesmos sites, salas de bate-papo, etc.

Em *O ponto de desequilíbrio*, Malcolm Gladwell sugere que ideias e informações se disseminam como vírus e que, em um determinado momento, tudo pode mudar — este é o ponto de desequilíbrio. Bem, para que isso aconteça, as pessoas precisam passar as informações adiante. Tendências da moda, da sociedade, da tecnologia, campanhas políticas, escândalos que envolvem celebridades — tudo depende do "boca a boca" e da confiança que as pessoas depositam nos que disseminam a informação.

Em tudo isso, é importante observar que são os cérebros jovens que estão na vanguarda da cultura e da interconectividade. Cérebros velhos e de meia-idade estão ficando para trás — e perdendo muito do que a sociedade pode oferecer. Quando busca informações, por exemplo, um cérebro velho ainda prefere recorrer a figuras de autoridade em vez de familiares ou amigos. Mas ter acesso ao conhecimento dos níveis mais altos da hierarquia pode ser frustrante e uma perda de tempo. Se você já experimentou manter seu computador conectado com uma linha de suporte técnico, sabe do que estamos falando.

Hoje, o conhecimento está tão descentralizado que o "especialista" pode estar literalmente à sua porta. É melhor pedir ao vizinho para consertar seu computador!

> **VIVENDO A SABEDORIA**
>
> Talvez você tenha alguma importante questão na vida que necessite de uma resposta urgente. A dúvida pode se referir a uma mudança de casa ou se seu filho deve continuar jogando tênis de mesa às quintas-feiras depois da aula. Seja qual for a questão que o esteja preocupando, expanda seu círculo e experimente recorrer a alguns amigos. Faça com que eles o ajudem a discutir os prós e contras. E, se você já tem o hábito de fazer isso, tente discutir o assunto com alguém a quem normalmente você não recorreria, de modo que se obtenha uma perspectiva nova.

Em suma, esteja aberto para que o sangue novo lhe traga mais relacionamentos, amizades mais profundas, mais imediatismo, emoções mais plenas, mais experiências incomuns, mais informações confiáveis, maior capacidade para criar tendências, melhores razões para decidir. Esta não é uma lista exaustiva, mas já serve de encorajamento. Seja informal e aberto, confie e descubra os benefícios do sangue novo.

Os cérebros jovens nos fazem lembrar das alegrias da amizade. Quando éramos jovens, provavelmente era fácil e instintivo fazer amizades — da mesma forma que as gêmeas russas a que nos referimos no início deste capítulo. Com o tempo, muitos de nós perdemos a sabedoria da juventude. Recupere-a adotando a maneira de pensar de um cérebro jovem. Faça contato e confie! Aprenda essas lições e abra-se ao que você encontrar na estrada da vida.

As oportunidades de um cérebro jovem se apresentam o tempo todo, porém, se você tiver fechado mais portas do que deveria, pode ser um grande desafio adaptar-se a novas maneiras de pensar e a novos valores. Mas também pode ser muito divertido. Portanto, crie o objetivo de encontrar sangue novo. O adiamento é uma das zonas de conforto do cérebro velho. Não deixe para amanhã. Comece a se relacionar hoje.

Resumo de objetivos

- Faça novos amigos, principalmente de diferentes idades, ambientes e classes sociais; seja informal e receptivo.
- Utilize a força das novas tecnologias para criar um ecossistema de amizades.
- Junte-se às multidões: sinta a emoção e faça novos contatos.
- Construa a confiança abrindo-se aos outros.

Capítulo 6
Estar sempre ligado

David não podia acreditar que estava se sentindo tão vivo e vibrante.

Um ano e meio antes, estava arrasado por um divórcio difícil. Sua mulher, Suzie, uma moça divertida e cheia de energia, o abandonara para viver com outro homem, levando os dois filhos que ele adorava. O trauma deixara feridas profundas, mas, com certo distanciamento, ele conseguia enxergar o que dera errado.

Ela sempre queria sair, fazer coisas, ver coisas e visitar amigos. Mas ele só queria passar as noites e os fins de semana se recuperando do cansaço do trabalho, que lhe exigia muito esforço. Isso acabara se tornando um problema na vida do casal. Com o tempo, ela parecia ganhar mais energia, enquanto ele se sentia mais cansado. E resistir ao desejo da mulher de sair e fazer coisas o exauria mais ainda.

Havia seis meses ele mudara de emprego, encontrara um novo apartamento, e sua vida decolara. Uma estranha fonte de energia fora liberada dentro dele. Ele estava apaixonado pelo trabalho, excitado com as coisas em que se envolvera e cheio de energia para brincar com os filhos quando os via.

Se pudesse ter tido acesso a essa fonte de energia dois anos antes...

O que significa estar sempre "ligado"

Estar sempre ligado significa estar envolvido na vida e pronto a aproveitar com entusiasmo as oportunidades — e desafios — que ela apresenta. Significa curtir o prazer e a satisfação da existência, envolvendo-se no que está acontecendo. Coisas, pessoas, acontecimentos, empregos, diversões podem ser interessantes se você decidir não caminhar pela vida como sonâmbulo. Naturalmente, a escolha é sua, mas imagine como pode ser a vida se você decidir extrair dela todas as oportunidades de prazer, satisfação e gratificação. Então, por que não acostumar o paladar ao "néctar da alegria", nas palavras do poeta John Keats?

Um cérebro jovem entende e aceita o desafio. Quer ficar ligado nas coisas. Agora. Está sempre disponível, seja para o que for. Nada de esperar até ficar no clima — faça alguma coisa. Você nunca sabe quando o telefone vai tocar com um convite para a noite — ou quando o chefe vai enfiar a cabeça na porta e convocá-lo para uma reunião urgente, inesperada e de alta pressão. Da mesma forma, a oportunidade de participar de um evento para angariar fundos a alguma instituição ou sair com os amigos para pedalar numa manhã de domingo pode não se repetir.

Vamos encarar a verdade: muitas pessoas vivem meio dormindo, como num mundo de sonho. A rotina cotidiana reduziu seu nível de prontidão e anestesiou sua capacidade de reagir. Quando a oportunidade se apresenta, elas não a aproveitam porque não estão suficientemente alertas para agir. Mais uma vez, a junção de sorte e prontidão significa que coisas boas e interessantes têm muita probabilidade de acontecer. Sorte mais disposição para agir significa uma vida mais plena.

> "Se não for agora, algum dia virá: a prontidão é tudo". *Hamlet*, Ato V, William Shakespeare

A ação pode ser impetuosa — até mesmo ousada pelos padrões de um cérebro velho —, mas, como disse o general Patton em relação aos últimos estágios da Segunda Guerra Mundial, um plano ruim executado com violência é muito melhor do que um plano perfeito executado sem vigor.

Executar um plano com violência — e às vezes empreender uma ação vigorosa sem planejamento — é o que o jovem faz melhor. Energia e decisão são aspectos que a juventude partilha com os cérebros jovens: ambos se envolvem e agem.

> "Se o espírito não move você, sente-se e mova seu espírito." David Schwartz, *A mágica de pensar grande*.

Como dizer que alguém está sempre "ligado"? Pessoas que estão sempre ligadas aproveitam as oportunidades, ouvem o que você diz, fazem comentários inteligentes com base numa reflexão sensata e levam as coisas até o fim. Estar sempre ligado significa também dar conta de múltiplas tarefas. Se você for consciente e ativo, pode se descobrir capaz de muitas atividades. É possível falar ao telefone e ao mesmo tempo fazer uma torrada, ou vigiar o bebê com um olho na tevê? Claro! Os cérebros jovens são capazes de múltiplas tarefas. Tudo o mais é apenas perda de tempo.

Naturalmente, seu entusiasmo para a ação pode ser um perigo para si mesmo e para os outros. Dirigir enquanto fala ao telefone, ouve as instruções do GPS e vigia a briga das crianças no banco de trás NÃO é recomendável — mas é o que faz um cérebro jovem de qualquer modo. A explicação de um cérebro jovem para isso é que a vida é curta, o tempo é pouco e enfrentar múltiplas tarefas é uma maneira válida de viver.

Para um cérebro jovem, até o lazer se torna uma atividade. Como aproveitar melhor a noite que está começando? É possível ir do trabalho para o bar, passando pelo mercado e talvez dar uma passadinha na casa da mãe no caminho? Será que posso visitar Nova Délhi durante uns dias a caminho do casamento de minha irmã em Sydney?

> Em Sevilha existe um oásis de tranquilidade e sombra em meio ao quente e poeirento centro da cidade: os Jardines Reales Alcazares. Na calma dos jardins, sob a sombra fresca de uma laranjeira, protegido do sol andaluz, um jovem casal diz: "Vamos, já estamos aqui há 20 minutos e planejamos estar na torre da Giralda às 13h30". Talvez isso não lhe pareça o aspecto mais recomendável de um cérebro jovem, mas, estando sempre ligados, eles não perdem nada e veem tudo o que há para ver em Sevilha.

A ansiedade de dar conta de tudo é evidente em outra tática que o cérebro jovem utiliza para administrar o tempo. Como se pode imaginar, estar constantemente ligado é muito desgastante, e mesmo um cérebro jovem precisa de um tempo para se recuperar. Como ele faz isso? De uma maneira intensa, naturalmente. Nesse caso, significa ir o mais longe e o mais rápido possível e, antes de ter um colapso, passar uma semana num spa.

Isso é uma "desintoxicação" de uma vida agitada: viva plenamente e se "cuide" por alguns dias antes de voltar à ação. Para alguns leitores, isso pode parecer loucura, mas é perfeitamente racional para um cérebro jovem. Para ele, a maior loucura é passar a vida toda com um pé no acelerador e outro no freio. Como fazer alguma coisa se você está sempre se contendo?

Saborear o tempo

Estar sempre ligado é um conceito muito mais amplo e mais complexo do que apenas correr pela vida como louco até que o corpo grite por uma parada. Envolve a capacidade de mudar de ritmo de vez em quando, uma atitude ligada muito mais à sabedoria do que à loucura da juventude.

Saborear o tempo é um aspecto fundamental de estar sempre ligado, embora à primeira vista pareça contraditório. Se você está saboreando seu tempo, sobra-lhe mais espaço na vida para que coisas espontâneas aconteçam. E estar ligado em fatos espontâneos é um importante benefício de estar ligado nesse sentido mais amplo.

O elemento fundamental é que você deve estar sempre ligado de uma maneira inteligente e calculada. Se você anda em alta velocidade, sem perceber o que está acontecendo à sua volta, não nota a pessoa que está a seu lado no supermercado, o artigo interessante na revista ou o cartaz que anuncia um desconto de 50%. Você não tem nenhum espaço em seu dia para encontrar um velho amigo que está na cidade nem para aproveitar a oferta de ingressos para um concerto. Por outro lado, se você criar tempo, pode parar para ouvir uma piada, trocar um cumprimento ou fazer uma travessura.

Lembre-se: você não pode "enquadrar" as pessoas em um horário. O tempo que você passa com outros, se for significativo para ambas as partes, nunca pode ser agendado com antecedência.

Portanto, saborear o tempo é importante. Envolve a administração judiciosa do tempo, de modo que a energia de estar sempre ligado possa ser utilizada de uma maneira mais eficiente e produza mais alegria e satisfação.

Se você ainda acha que estamos sendo paradoxais, provavelmente estamos mesmo! Outra coisa que os cérebros jovens assimilaram é que o mundo não é sempre um lugar lógico e linear. Como não esperam que ele seja assim, estão mais inclinados a aceitar a complexidade, o paradoxo e até mesmo a desordem.

A mensagem, então, é que não há problema em ser paradoxal. É totalmente possível praticar um exercício físico suave, ou tocar o adágio de um concerto de violino a 100 decibéis, ou escolher uma aventura segura nas férias. Um cérebro jovem gosta de ir rápido para também ir devagar.

Fluir

Da mesma forma, a imersão no momento presente, que comumente se define como "fluir", é outro aspecto da flexibilidade do cérebro jovem na administração do tempo, assim como de sua capacidade de maximizar a alegria da vida. A atitude de estar sempre ligado, a que nos referimos, significa ser capaz de estar totalmente focado e absorto no que se está fazendo num determinado momento, significa ter um envolvimento produtivo e plena satisfação.

O conceito de "fluir" foi descrito pela primeira vez por Mihaly Csikszentmihalyi.

> Fluir significa "estar totalmente envolvido em uma atividade. O ego desaparece. O tempo voa. Toda ação, todo movimento e todo pensamento segue inevitavelmente o anterior, como no jazz. Todo o seu ser está envolvido, e você usa suas habilidades ao máximo".

Talvez você queira pensar nisso. Lembre como é estar profundamente imerso na sua atividade preferida a ponto de perder a noção do tempo. Isso é fluir. Os cérebros jovens sabem fluir — e sabem acessar esse estado de espírito na vida cotidiana. Por isso, vivem uma vida intensa, multicolorida e multissensorial. Encaram a vida como participantes ativos, e não como meros observadores. Estar sempre ligado significa experimentar o verdadeiro poder do agora.

Estar sempre ligado, portanto, significa administrar o tempo de maneira inteligente. Às vezes é certo preencher todos os minutos, mas outras vezes é mais gratificante saborear o aqui e agora. Em outras ocasiões, é mais satisfatório se absorver totalmente em uma tarefa e, consequentemente, perder a noção do tempo. A sabedoria da juventude ensina que administrar o tempo de uma maneira flexível e multifacetada leva a uma vida mais rica, mais intensa, mais variada e, sim, mais jovem!

Gerando energia

Ser jovem é ter energia para queimar. Significa nunca ter que frear um ímpeto de energia para "economizar um pouco para mais tarde". E significa que a eficiência do sono da tarde não está comprovada.

As estatísticas mostram claramente que perdemos nossa capacidade de acessar energia à medida que envelhecemos.

% de concordância	15-17	18-24	25-34	35-44	45-54	55-64	+ de 65
Sinto-me cheio de energia	63	53	43	37	33	29	21

Fonte: Sociovision 3SC, Reino Unido, 2005.

A diminuição dos níveis de energia não é predeterminada pelo processo do envelhecimento. Assim como alguns idosos mostram uma energia interminável, todo mundo conhece algum adolescente que acorda ao meio-dia, fica à toa pela casa e quase não tem energia para responder a uma pergunta, a não ser com um grunhido.

A principal conclusão a ser tirada do quadro acima é que mais de um terço das pessoas entre 35 e 44 anos e um quinto das pessoas acima de 65 anos estão cheias de energia. Então, seja qual for sua faixa etária, você pode ser um desses que ainda fervem.

Portanto, embora seja verdade que o excesso de energia seja mais natural nos jovens, os níveis de energia resultam em grande parte do estado de espírito.

Os cérebros velhos se permitem ir baixando suavemente seu nível de energia. Os cérebros jovens se recusam a cair na apatia e na preguiça. Você pode ser energético, apesar da idade, se decidir que é isso que você quer.

Um cérebro jovem, por exemplo, pode se sentir exausto e ainda assim transformar seu nível de energias com o controle da mente sobre o corpo. Em vez de desistir, ele vai àquele evento que estava tentado a perder. E, quando chega lá, novos estímulos insuflam nele mais energia para seguir com entusiasmo até a madrugada.

> O multimilionário irlandês Bill Cullen já está na casa dos 60 e acredita firmemente que pode permanecer jovem se nunca se aposentar. Em seu livro motivacional *Golden apples*, ele reverencia os centros de treinamento físico japoneses para pessoas acima dos 80 — você precisa ter mais de 80 para participar!
>
> O livro detalha sua filosofia de exercícios e dieta alimentar e é um modelo no gênero. Bill Cullen é definitivamente um cérebro jovem em um corpo velho. Ele acredita, por exemplo, que dormir é perda de tempo: "Dormir é o mais perto que você chega de morrer. Portanto, não durma demais". E o segredo para dormir menos é mais atividade física e mais energia. Ele diz ainda: "É melhor se desgastar do que enferrujar".
>
> Bill Cullen faz planos para o futuro e deseja fazer mais nos próximos quarenta anos do que em seus primeiros sessenta. Como vai fazer isso? Continuando a ter um cérebro jovem. "A juventude está dentro de você. Tudo depende de uma atitude mental, e é você que decide ser jovem ou velho. Portanto, mude agora o modo de pensar e acredite que você pode permanecer jovem adotando projetos que o mantenham ocupado." Bill Cullen, *Golden apples*, 2005

Naturalmente, todo mundo sabe de quanto tempo de sono precisa. A medicina enfatiza o valor do sono, e não estamos absolutamente sugerindo que a falta de sono é uma maneira de permanecer jovem! Entretanto, algumas pessoas precisam de menos sono do que em geral se acredita. Portanto, vale a pena verificar quanto seu corpo/mente necessita nessa fase de sua vida. Lembre que apenas 15 minutos de sono a menos por dia resulta em mais 105 minutos por semana ou 7 ½ horas por mês. Você poderá estar ligado mais 3,75 dias por ano se descobrir que pode se sentir bem com 15 minutos a menos de sono por dia!

Pode parecer outro paradoxo, mas, para ganhar mais energia, primeiro você precisa gastar a que você tem regularmente. Pense num atleta de alto rendimento. Para ser capaz de obter altos níveis de energia durante uma competição, ele passa por um rigoroso treinamento diário que o leva à exaustão.

O mesmo princípio vale para nós. A sabedoria da juventude ensina que é uma falsa economia poupar energia. Use-a ou irá perdê-la. Energia gera energia.

Um cérebro jovem busca energia, um cérebro velho renuncia a ela — é simples assim. Na história que abriu este capítulo, David aprendeu essa lição com sofrimento.

Temos aqui um verdadeiro círculo virtuoso. Um sinal de juventude é a habilidade de gastar energia. E, fazendo isso, as pessoas ficam em forma e saudáveis e — esta é a questão — permanecem jovens por mais tempo. Buscar ação mantém o cérebro jovem.

Cérebros velhos são preguiçosos

> "Homens velhos contestam muito, consultam durante muito tempo, aventuram-se pouco, arrependem-se muito cedo e raramente tiram o maior proveito de seus negócios e se contentam com a mediocridade do sucesso." Francis Bacon, 1561-1626

Você se aborrece com facilidade? Acha que dá muito trabalho se vestir para sair à noite? Acredita que falar francamente com um superior é comprar problema? Acha que praticar exercícios regularmente é muito cansativo?

Em caso afirmativo para todas essas questões, você tem grande possibilidade de ter um cérebro velho.

O cérebro velho torna-se um cérebro preguiçoso. Com o tempo, fica confortável diminuir o ritmo e afrouxar. Ele se convence de que, embora o tempo passe mais rápido com a idade, seu corpo inexoravelmente vai enfraquecer. E, o pior, que não há nada que se possa fazer.

Assim, é outra oportunidade que se perde, outra comunicação que não se faz.

Naturalmente, como a preguiça não é uma qualidade admirável, ninguém a admite. Uma desculpa típica para a letargia é a necessidade e a importância de ter tempo para pensar.

> "O que é esta vida se, cheios de preocupação, não temos tempo para a contemplação." W. H. Davies, 1871-1940

Contemplação — tempo para pensar — tem o seu lugar. Mas pode levar ao excesso de racionalização e à procrastinação crônica. Os cérebros velhos se sentem confortáveis — confortáveis demais — com a procrastinação. Para um cérebro jovem ela é uma maldição.

O mais importante é que a preguiça é também uma maneira de evitar o medo. A vida pode ser dura, e a dor de viver frequentemente nos leva a fugir da vida com medo de sofrer. Talvez você esteja nesse caso. Muita gente comete esse erro.

Durante a vida, temos que passar inevitavelmente por sofrimentos, doenças, ferimentos, cansaço, envelhecimento e, finalmente, morte. E todo mundo precisa suportar dores psicológicas como a tristeza, o medo, a frustração, a decepção e a depressão. Na verdade, uma das quatro nobres verdades do budismo é que "vida é sofrimento".

A menos que você tenha uma vida de conto de fadas, provavelmente você sofreu e talvez esteja passando por tempos difíceis.

Diante dessas dificuldades, não é mais simples baixar a cabeça ou tentar resolver o problema se fechando e evitando reagir à vida em geral? Você sente medo, mas não faz nada. Acaba vivendo na dúvida, no medo e na inação. Espera que alguma coisa resolva o problema por você (talvez seu parceiro pague suas contas). Deixa para os outros a tarefa de reciclar o lixo e viver uma vida ecologicamente sustentável (afinal, sua participação seria tão pequena que não faria diferença). Deixa de se exercitar (afinal, que diferença vai fazer um dia mais?).

Nesse contexto, a preguiça e o medo caminham de mãos dadas. Com medo de viver, o cérebro velho se retrai e se torna preguiçoso. Estar sempre ligado exige coragem. Assim como viver. Se escolher o caminho mais suave, a coisa vai piorar no fim.

O cérebro jovem tem coragem de dizer: "Não sei ao certo aonde isso vai me levar ou que problemas vou encontrar no caminho, mas estou disposto a tentar. Vamos em frente".

O paradoxo, naturalmente, é que, ao adotar uma estratégia segura, o cérebro velho se condena a uma morte lenta e terrível, realizando assim o que queria evitar. A sabedoria da juventude, ao contrário, ensina que a única maneira de permanecer jovem é deixar o medo de lado, ter ousadia e se jogar inteiramente no ato de viver.

Adote essa atitude na vida e você vai colher grandes benefícios.

Benefícios de estar sempre ligado

Os benefícios valem a pena. Não os perca. Estar sempre ligado lhe permite:

- Manter a forma física e a saúde.
- Fortalecer a relação com aqueles que estão mais próximos.
- Maximizar seu tempo na Terra, sem arrependimentos.
- Estar em sintonia consigo mesmo, com seus sentimentos.
- Estar disponível para a sorte e para o acaso.
- Dar de volta, ajudar os menos afortunados.
- Ter uma vida mais interessante e cheia de aventuras.
- Tornar-se quem você sonhou ser e ter na vida o que desejou ter.
- Manter a cabeça erguida para enfrentar as dificuldades da vida.
- Negociar melhor os contratos.
- Tirar melhor proveito de novas tecnologias e invenções.
- Experimentar coisas e lugares novos e conhecer pessoas diferentes.
- Sobreviver e florescer num mundo competitivo.
- Fazer menos concessões.
- Utilizar plenamente suas reservas de energia.

Adote as três maneiras de pensar de quem está sempre ligado

- Aprender fazendo.
- Procurar a mobilidade.
- Ter coragem.

1. Aprenda fazendo

1. Você é o tipo de pessoa que cozinha no micro-ondas e come alimentos prontos? Ou você costuma escolher os ingredientes e preparar sua refeição?

2. O freio de sua bicicleta não está funcionando bem. Você está disposto a resolver o problema sozinho?

Se você está disposto a pôr a mão na massa e sujar as mãos, você tem um cérebro jovem.

Mãos à obra

Pessoas que anseiam por ação provam que a vida é muito mais do que apenas um desafio intelectual. Sem dúvida, o que acontece dentro da cabeça de alguém é extremamente importante, e um cérebro jovem precisa pensar jovem, como já dissemos. Mas a sabedoria da juventude ensina que aprender fazendo também é muito importante. Ser um intelectual nada prático é o caminho para uma vida de ineficiência. Ser jovem significa erguer as mangas e colocar a mão na massa. Tudo o que vemos à nossa volta, que foi feito pelo homem, é manifestação dos pensamentos de alguém. Você não gostaria de dar uma contribuição tangível ao progresso?

Mencionamos antes que um cérebro jovem costuma ser intuitivo e prefere testar um aparelho de nova tecnologia a ler um manual de instruções. Isso ilustra o que queremos dizer com aprender fazendo. Outros exemplos: um cérebro jovem prefere fazer um *test drive* a perder tempo fazendo perguntas ao vendedor; um cérebro jovem prefere cozinhar com um pouco disso, um pouco daquilo e uma pitada daquilo outro a se preocupar com a precisão de uma receita; um cérebro jovem quase sempre prefere explorar uma cidade desconhecida andando a esmo pelas ruas a seguir um guia de turismo.

Nesses três casos, os resultados podem não ser ótimos, porém garantem ao cérebro jovem, pelo menos, a vontade de continuar fazendo. Em todo caso, que alternativa tenho?, pergunta o cérebro jovem. Acreditar na palavra do vendedor? Perder horas estudando um livro de receitas e atrasar o jantar? Perder a espontaneidade e autenticidade de uma ruazinha e gastar tempo estudando um guia de turismo para depois seguir seu conselho de visitar um museu empoeirado com cheiro de mofo?

> Jamie Oliver é um jovem chefe de cozinha muito conhecido dos leitores ingleses. Já vendeu milhões de livros e seus programas de TV são muito populares. Ele é um cérebro jovem cuja popularidade nasceu de sua maneira informal de aprender a cozinhar fazendo. Ele escreve: "Este livro não é para chefes, mas para pessoas normais que desejam atalhos e dicas. É para qualquer um que esteja interessado em fazer uma comida gostosa, simples e robusta e, ao mesmo tempo, queira dar umas boas risadas. É disso que trata a culinária, e não apenas de comer. Para mim, trata-se de passar as batatas de mão em mão ao redor da mesa, partir o pão, lamber os dedos, ficar bêbado e curtir a companhia dos amigos e da família". Jamie Oliver, *O retorno do chef sem mistérios*, 2005

VIVENDO A SABEDORIA

É o momento de se organizar para FAZER coisas. Você vem remoendo ideias para reorganizar sua vida? Comece pensando como fazer isso. Tem visto muito pouco sua família ultimamente? Organize uma reunião. Sua casa precisa de algumas mudanças? Conserte aquela cadeira e organize seu escritório. Seja corajoso, experimente e persista.

Confie na sua intuição

Aprender fazendo é também confiar na sua intuição — estar disposto a ser guiado por suas emoções, ou suas entranhas, se preferir. E então agir. Ao longo de década nós nos acostumamos a acreditar que o principal caminho para a verdade é o método científico. Em outras palavras, a verdade é determinada por fatos concretos e argumentos racionais baseados nesses fatos. Um cérebro velho se apega a esse raciocínio em todas as circunstâncias.

Em vez de avaliar argumentos complexos ou ouvir prós e contras, a intuição simplesmente lhe diz o que você sabe ser a resposta certa. Com essa rápida tomada de decisão você pode reagir mais depressa aos fatos ou propostas — e agir espontaneamente. E, uma vez que o peso dessa difícil decisão é tirado de seus ombros, o horizonte clareia e surge a diversão, mais uma vez.

O cérebro jovem reconhece que sua voz interior às vezes é um bom juiz — ou até um juiz melhor do que o raciocínio científico. Se sua intuição lhe diz para pular com os dois pés, faça isso sem maiores questionamentos. Se você tem uma forte vontade de cair fora rapidamente, faça isso sem parar para pensar. O raciocínio científico requer que você gaste mais tempo pensando do que agindo. Seguir a intuição é agir com base em seu sexto sentido. É como tomar decisões realistas, mas com o ingrediente adicional de agir por instinto imediatamente. Não se trata apenas de analisar a situação de forma instantânea, porém de fazer alguma coisa positiva a respeito da situação sem hesitar.

> Richard Branson é famoso por ter uma abordagem intuitiva, e ele captura a essência disso em seu excelente *best-seller* de 2006 *Screw it, let's do it: lessons in life*

Se nos permitirmos desenvolver um cérebro velho, nossa confiança na lógica e na razão tem outro efeito desagradável: nos tornamos menos capazes de atingir nossos objetivos. A "experiência" nos indica que a melhor maneira de ganhar pessoas para a nossa causa é por meio de um argumento racional (ou mesmo um argumento irracional bem defendido). Ter sabedoria da juventude é reconhecer que vencemos por nossos atos, e não por nossos argumentos. A verdade é algo que se vê e raramente se escuta.

> "Qualquer triunfo momentâneo que você acredite ter alcançado com uma argumentação é, na verdade, uma vitória de Pirro. O ressentimento e a maldade que você incita são mais fortes e duram mais do que qualquer momentânea mudança de opinião. É muito mais eficiente fazer com que os outros concordem com você mediante seus atos, sem dizer uma palavra. Demonstre, não explique." Robert Greene

Um exemplo vivo que demonstra a verdade de um argumento em face de uma enorme descrença é Mohammad Yousouf, fundador do Grameen Bank. Yousouf decidiu fazer alguma coisa contra a pobreza em Bangladesh. Estava profundamente comovido com a fome que rondava o *campus* de sua universidade.

Ele tinha boa condição social — era professor de economia —, entretanto foi conversar com os moradores de uma cidade próxima. Descobriu que as mulheres faziam cestas para sustentar a família, mas estavam perdendo quase toda a margem de lucro para os agiotas que lhes emprestavam dinheiro a taxas exorbitantes para comprar a matéria-prima. Para sua surpresa, descobriu que podia financiar toda a compra da matéria-prima por 27 dólares.

Procurou os bancos, contudo eles não se interessaram. As cesteiras não tinham nada para oferecer em garantia, não tinham crédito. Os empréstimos de Yousouf aumentaram, mas ele continuou emprestando, enquanto os bancos continuavam desinteressados. Yousouf levou anos para demonstrar que as pessoas que lhe tomavam dinheiro lhe pagavam na data combinada. O índice de inadimplência era mínimo. Mais tarde, quando ele conseguiu provar sem sombra de dúvida que o negócio funcionava, os bancos aderiram à sua causa.

VIVENDO A SABEDORIA

Confie nos seus instintos. Se sentir que alguma coisa está certa, vá em frente e deixe a racionalização para depois.

Sinta a dor

Uma última lição do aprendizado pela ação é que uma abordagem experimental muitas vezes pode ser fisicamente desconfortável — mas os cérebros jovens vão em frente assim mesmo. Qualquer leitor que tenha pedido carona sabe que percorrer o país dessa maneira lhe permite conhecer pessoas interessantes — e pode ser uma grande oportunidade de aprendizado. No entanto ficar parado num cruzamento depois que a noite cai, com a chuva correndo pelas costas, gera dúvidas até nas mentes mais decididas.

Fazer uma peregrinação no Nepal é uma maravilhosa experiência de aprendizado, como qualquer pessoa que a tenha feito pode testemunhar. Mas não há momentos de desconforto? Pode apostar que sim. Você já correu uma maratona? Correr mais de 40 quilômetros é um teste para sua resistência e determinação. Pode lhe dar uma nova percepção sobre sua capacidade física e perseverança, porém vai doer — e muito. Aprender fazendo quase nunca é para quem tem coração fraco, mas a Nike captou o espírito disso em sua campanha de publicidade Just do It: a dor também é o caminho que leva à gloria — e à juventude.

> **VIVENDO A SABEDORIA**
>
> Da próxima vez que tiver a chance de participar de uma caminhada, uma corrida ou um passeio de bicicleta por uma boa causa, tire prazer das bolhas nos pés e da oportunidade de aprender mais sobre você.

2. Procure a mobilidade

Eis mais dois desafios para a mudança de mentalidade:

> 1. Se tivesse chance, você preferiria passar as férias perto de casa ou procurar lugares desconhecidos no exterior?
> 2. Você prefere passar uma noite calma em casa a sair para um programa noturno?

Explore seus limites

Outra maneira de pensar que você pode adotar é buscar constantemente a mobilidade. A inação enraíza a pessoa. Você fica preso onde está. A ação, ao contrário, permite a mudança e o movimento.

Um cérebro jovem adora viajar, descobrir e explorar o mundo. Para ele, ação pode significar passear com o cachorro no fim da tarde, explorar cavernas no fim de semana ou viajar pelo mundo durante um ano inteiro. Mas, não importa para onde você vá e quanto tempo demore, o importante é se mexer. O cérebro jovem está sempre em movimento.

> O livro recente mais ponderado sobre a natureza das viagens talvez seja o de Alain de Botton. Ele acha que a viagem nos diz muito sobre nosso cérebro: "Se nossa vida for dominada pela busca da felicidade, talvez poucas atividades revelem tanto sobre a dinâmica dessa busca — em todo o seu fervor e seus paradoxos — quanto nossas viagens. Elas expressam, embora sem palavras, uma compreensão de como é a vida longe dos limites do trabalho e da luta pela sobrevivência".
> Alain de Botton, *A arte de viajar*, 2002

Para onde você viajou recentemente? O que isso lhe diz sobre a natureza de seu cérebro e sobre os limites que você impõe a suas possibilidades de ação? O que o lugar para onde você viajou lhe revelou sobre como poderia ser sua vida?

VIVENDO A SABEDORIA

Movimente-se. Visite lugares que você acha interessantes (provavelmente você não os vê há uns cinco anos, quando os mostrou ao seu sobrinho). Se tiver condições financeiras, viaje nos fins de semana para lugares interessantes. Se não tiver, encontre lugares interessantes perto de casa, que você possa visitar num passeio de bicicleta. E, para as próximas férias, tente algo diferente.

Saia de casa

Não estamos nos referindo apenas a viagens de longa distância. A atividade pode se revelar num passeio pelo shopping ou num piquenique no parque. Porque vivemos num mundo em que a vida doméstica está sendo substituída pela vida fora de casa. Pense nisso. Há vinte anos, se você quisesse um café, ia até a cozinha. Hoje, você provavelmente vai ao Starbuck mais próximo ou a um equivalente.

Uma refeição, por exemplo, era algo que se fazia no conforto do lar. Ninguém saía de casa para comer — nem para comprar comida para levar para casa. Quando alguém saía para o mundo, era com alguma intenção em mente. "Vou fazer compras." "Tenho que devolver esses livros à biblioteca." "Fui convidado para tomar um drinque no jardim dos vizinhos." As pessoas saíam para fazer alguma coisa e voltavam para casa assim que terminavam de fazê-la.

Hoje, a casa é apenas um dos muitos lugares onde se podem fazer coisas. As pessoas saem o tempo todo, e fazem alguma coisa a caminho de outras atividades externas. Não saímos mais para fazer compras; fazemos compras quando saímos.

Os homens de marketing dizem que isso é o que se chama "economia do estilo de vida" — e que muitos de nós participamos disso hoje. Todavia, é o cérebro jovem que mais adota esse modo de vida fora de casa. Saem para "ver e ser vistos". Por que desejar que a casa seja o seu castelo quando se pode sair para conhecer um novo restaurante tailandês, uma estimulante aula de ioga ou um bar num jardim?

> Algumas culturas adotam um estilo de vida externo, mas a cultura australiana une a atividade externa a uma mentalidade de energia e um gosto pela espontaneidade. Na Europa, as pessoas costumam programar suas saídas com semanas de antecedência. Os australianos parecem capazes de não planejar nada para uma determinada noite e, então, um processo mágico ocorre. De uma hora para a outra, são capazes de organizar uma festa na praia ou um churrasco

> para trinta pessoas. Um cérebro jovem funciona da mesma maneira — muito ajudado, nos dias de hoje, pelo onipresente telefone celular e pelas mensagens de texto. Quer uma festa com a maior rapidez? Peça a um cérebro jovem que a organize.

Na nova economia do estilo de vida, as oportunidades são muitas; a oferta nunca foi tão grande, mas, para explorar tudo o que se oferece, você precisa agir. Sair para comprar roupas exige energia? Com certeza. De quanta energia você precisa para uma caminhada no campo com os amigos? Muita. Explorar o mundo lá fora requer imensas reservas de energia, um verdadeiro desejo de mobilidade e a filosofia de estar sempre ligado. Ficar sentado em casa, lendo o jornal de chinelos, não exige energia. É simples assim.

> **VIVENDO A SABEDORIA**
>
> Separe uma noite por semana para novas atividades — digamos, sexta-feira. Imponha-se a tarefa de encontrar novos programas para todas as sextas — para você, seu parceiro ou parceira, seus amigos ou sua família. Procure na internet ou na programação dos jornais. Você ficará surpreso com o número de opções.

3. Perca o medo (e tenha coragem)

> 1. O medo impede você de se engajar em novos projetos?
> 2. Você sente, bem lá no fundo, que, no momento certo, é capaz de fazer grandes mudanças?

Não tenha medo do sucesso

É uma coisa estranha que acontece com o ser humano, mas, muitas vezes, quando as pessoas estão a ponto de atingir seus objetivos, fazem alguma coisa para se boicotar e se derrubar. É como se tivessem um roteiro interior que as impedisse de ser tudo o que poderiam ser.

Talvez essa vozinha dentro da cabeça esteja soprando pensamentos negativos: "Não mereço isso", "Não mereço ter sucesso", "O que vai acontecer quando as pessoas descobrirem que eu sou como sou?".

Psicólogos que trabalham com líderes no ramo dos negócios e em outros campos da vida identificaram algo que chamam de "síndrome do impostor". Essa síndrome geralmente afeta os líderes quando eles estão começando a emergir e, às vezes, até mesmo quando já alcançaram o sucesso. É o sentimento que os líderes têm quando permitem que o medo e a dúvida tomem conta. Eles se perguntam quando serão descobertos porque acham que, com certeza, em algum momento, alguém vai descobrir que eles não são líderes.

Todo mundo tem esse sentimento de vez em quando. Portanto, se você também tem, não se preocupe. É humano. Significa apenas que para tirar o máximo da vida você precisa ter coragem de vencer essas dúvidas.

> Recentemente, num grupo feminino de discussão, uma mulher alemã admitiu: "Conquistei tudo com que sonhei. Tenho um marido adorável... dois filhos saudáveis... o apartamento em que moramos é nosso... viajamos de férias para lugares exóticos. Mas, agora que consegui tudo isso, é como se estivesse me impedindo de ser feliz".

Com certeza, se alguém interrompe um caminho que está à beira do sucesso, é porque tem medo do que pode acontecer quando o sucesso chegar. Colocar a cabeça acima do muro de proteção significa assumir um risco. A vida pode mudar para sempre.

> "Destrua o modo pela ação." David Schwartz, A mágica de pensar grande.

A sabedoria da juventude ensina que se deve agir *apesar* do medo. A ação vence nossas dúvidas, nossa tendência à autodestruição. A ação empurra a inércia para o lado e permite que os cérebros jovens triunfem.

> **VIVENDO A SABEDORIA**
>
> Da próxima vez que se sentir inseguro e com dúvidas sobre um desafio, lembre que você não é um impostor. Você é uma pessoa que age e que alcança o sucesso por meio da ação. Portanto, enfrente essa luta até que seu projeto seja bem-sucedido. E continue lutando.

Aja agora, aja radicalmente

Uma disposição para estar sempre ligado também elimina o medo e ajuda você a começar a fazer coisas. Platão diz: "O início é a parte mais importante de qualquer trabalho". Uma viagem ao redor do mundo começa com o primeiro passo. A mensagem é clara. Não deixe que a procrastinação frustre seus planos, seus sonhos, seus objetivos. Comece a agir hoje!

Os jovens são capazes de fazer as mudanças necessárias na sua maneira de viver para vencer a inércia provocada pelo medo (veja o quadro a seguir). Ser capaz de uma ação radical em relação à sua personalidade e a seu modo de vida é uma estratégia eficiente para evitar a armadilha da complacência e da arrogância.

% de concordância	15-17	18-24	25-34	35-44	45-54	55-64	+ de 65
Às vezes decido rapidamente fazer mudanças radicais na minha vida	81	73	71	69	67	70	58

Fonte: Sociovision 3SC, Reino Unido, 2005.

Fazer mudanças radicais é mais difícil para os mais velhos. Entretanto, aceitar cegamente o *status quo* (sempre fizemos isso assim) é o caminho mais curto para a atrofia e a morte.

E não é só a si próprios que os cérebros jovens ousam mudar. Lutando uma batalha impossível, os cérebros jovens prestam um serviço à sociedade. Quem consegue esquecer as fotos dos estudantes franceses levantando barricadas nas rebeliões de 1968? Ou o jovem estudante chinês diante dos tanques de guerra na Praça da Paz Celestial? O destemor dos jovens para alargar as fronteiras políticas e sociais às vezes pode ser espetacular.

> **VIVENDO A SABEDORIA**
>
> Se você deseja uma perspectiva melhor em relação a uma grande mudança que pensa fazer, leia o livro de Po Bronson, *O que devo fazer da minha vida?* Traz mais de cinquenta depoimentos de pessoas que agiram radicalmente e mudaram o rumo de sua vida.

Tenha coragem

Os cérebros jovens não são apenas destemidos, são também corajosos. Existe uma diferença. Como o medo é quase sempre a antecipação de um futuro perigo, o destemor pode resultar da pura ignorância dos riscos ou perigos de uma situação. Ou pode ser artificialmente provocado, no calor da luta, pela descarga de adrenalina, quando o cérebro se fecha e o instinto de luta ou fuga prevalece. A coragem nessas condições é geralmente instintiva. Você já deve ter ouvido um jovem herói que recebe uma medalha por bravura dizer: "Não pensei em nada. Foi a coisa mais natural a fazer".

Ter coragem, porém, é ser bravo quando se tem plena consciência do que está acontecendo, quando a adrenalina não está presente e a coisa natural a ser feita é sair de fininho e se esconder. É nessa situação que a maioria de nós se encontra. A coragem que leva à ação necessária não é loucura irresponsável, mas a força de caráter que faz as coisas acontecer numa situação hostil. Provavelmente, vamos precisar agir para mudar o mundo, e a coragem é quase sempre necessária para que isso aconteça, porque existem interesses velados em manter as coisas como estão.

Portanto, os cérebros jovens, particularmente os que pertencem aos mais velhos, têm maior probabilidade de mostrar coragem do que destemor. Isso é decididamente um desafio maior. Uma pessoa que passou alguns anos na cadeia sabe o que pode dar errado. E quanto sofrimento isso pode causar.

A coragem se apresenta sob várias formas — física, moral, intelectual ou espiritual. Existe uma correlação direta entre o tamanho do medo e a quantidade de força de caráter que precisamos para vencer esse medo. Precisamos nos posicionar em favor de algo — e assumir os riscos de ir contra a corrente da opinião comum. Não basta apenas termos honra, dignidade e respeito próprio em particular. Precisamos torná-los públicos em circunstâncias adversas.

Estar sempre ligado obriga o cérebro jovem a colocar sua integridade à prova sob o olhar vigilante da opinião pública. Pode haver maior coragem do que essa?

Se no momento você não se sente capaz desse tipo de coragem, não se preocupe. Você pode ter passado recentemente por uma experiência traumática, que o deixou emocionalmente vulnerável e sem assertividade. Todo mundo passa por fases difíceis, quando ter coragem é um desafio intransponível. Nós entendemos, porque já tivemos essas dúvidas em nossa vida. Mas não se alarme; podemos garantir que a coragem está dentro de você e só precisa de esforço e estímulo para se reafirmar. Não há melhor momento do que o atual para começar a reconstruir a confiança em sua capacidade de defender suas ideias.

VIVENDO A SABEDORIA

Adquira o hábito de estar preparado para se afirmar. Comece por uma questão que lhe é cara e que, com certeza, vai provocar a resistência de outros. Entre num estado de mente positivo, sorrindo quando entra na briga, mas tome o cuidado para não ficar na defensiva ou encarar essa resistência como pessoal. Tenha coragem de defender seu ponto de vista até o fim.

Resumo de objetivos

O melhor de estar sempre ligado é que as coisas são feitas. Você se sente bem porque algo foi realizado.

Um cérebro jovem tem energia, porque a energia que ele gera se retroalimenta. Freie esse impulso recém-descoberto e use o excesso de energia para implementar outras sabedorias da juventude.

- Deixe de andar pela vida como sonâmbulo; a vida não é um ensaio geral.
- Em vez de só pensar, aja em busca de soluções.
- Viva, mexa-se, faça coisas.
- Faça algo que dê medo todos os dias e receba bem o sucesso quando ele vier.

E agora aja: vire a página e descubra a próxima sabedoria da juventude.

Capítulo 7
Vontade hedonista

Era uma tarde de domingo quente e poeirenta em Coleman, Texas. Era verão, o termômetro marcava 42 graus, e o ventilador sibilava sobre as cabeças, enquanto uma limonada gelada aguardava sobre a mesa.

De repente, o sogro de Jerry diz: "Vamos pegar o carro e ir jantar num restaurante em Abilene?". O primeiro pensamento de Jerry foi: "Ah, não, 85 quilômetros com esse calor, uma tempestade de poeira e sem ar-condicionado no carro". Antes que ele pudesse abrir a boca, sua mulher já concordava em que era uma grande ideia. Para manter a paz, Jerry disse que era mesmo uma ótima ideia, mas que duvidava que a sogra quisesse ir. Só para não ficar de fora, a sogra disse: "Claro que quero ir".

Assim, partiram os quatro sob aquele calor brutal, com o pó penetrando por todos os orifícios do carro. Em pouco tempo, com o suor, a poeira grudou na pele como cimento. A comida no restaurante estava horrível e, no final da viagem, ninguém falava.

De volta, a família se sentou na varanda em silêncio. Foi Jerry quem o quebrou: "Foi uma ótima viagem, não foi?". Mais silêncio. Até que a sogra se manifestou: "Para falar a verdade, não gostei muito, preferia ter ficado aqui. Eu não teria ido se vocês não tivessem insistido".

Foi uma explosão geral. Tinha sido uma ideia louca, ninguém queria ir, todos tinham se sentido chantageados para ir. Nas palavras de Jerry: "Depois da explosão de recriminações, todos voltaram a se sentar, em silêncio. Ali estávamos nós, quatro pessoas razoavelmente sensatas, que, por vontade própria, tinham feito uma viagem de 170 quilômetros, cruzando um deserto esquecido por Deus, a uma temperatura de fornalha, enfrentando uma tempestade de poeira, só para ir comer uma comida intragável em um restaurante em Abilene, ao qual nenhum de nós realmente queria ir. Na verdade, para ser mais preciso, fizemos exatamente o contrário do que queríamos. A situação era simplesmente absurda".

O que é vontade hedonista

Todo mundo já passou por isso. É o que Jerry B. Harvey, especialista em gestão organizacional e personagem do caso que acabamos de narrar, chama de incapacidade de administrar um acordo. O subtexto, naturalmente, é: incapacidade de administrar a divergência. Em outras palavras, o desejo de evitar o conflito. Os cérebros velhos se sentem mal diante do conflito porque ele os tira de sua zona de conforto. O conflito pode levar à rejeição. E a rejeição pode levar ao afastamento e à solidão. Não corra o risco, aconselha um cérebro velho.

Trata-se de um paradoxo. É o medo de correr riscos que pode nos afastar dos outros — principalmente das pessoas que amamos. A ironia é que, não manifestando nossa vontade, acabamos nos afastando de qualquer jeito, porque não concordamos com o que está acontecendo.

Ironia atrás de ironia, é preciso muito trabalho de equipe para chegar a Abilene. As pessoas abandonam seu conforto e sua paz de espírito e, concordando com os outros para chegar lá, acabam perdendo sua espontaneidade e a capacidade de dizer o que pensam.

Os cérebros jovens são menos afetados pelo desejo de agradar a qualquer custo. São mais espontâneos e corajosos, e dizem o que pensam. Recusam-se a sacrificar seu prazer e sua satisfação no altar do consenso. Sua natural espontaneidade e sua honestidade evita o paradoxo de Abilene. Seguem seus instintos e fazem a opção que vai lhes trazer mais felicidade.

Você sabe o que é assistir a um programa de TV que você não queria ver, mas que num momento de fraqueza concordou em assistir? Pode ser outro entediante jogo de futebol ou um *reality show* sem graça. O sentimento não é só de frustração, porém de renúncia ao prazer. Você poderia estar vendo aquele filme que teria adorado. Ou, melhor ainda, poderia estar lendo um livro.

O problema é que algumas pessoas passam a vida toda com essa sensação. De alguma forma, não conseguem extrair da vida a felicidade que outros parecem desfrutar. É como se passassem a vida toda, metaforicamente, assistindo ao canal de TV errado. As concessões que fazem, o consenso que buscam, não deixam espaço para o seu próprio prazer. Falta-lhes vontade hedonista.

Um cérebro jovem, ao contrário, está em sintonia com suas necessidades fundamentais. É como se tivesse uma linha direta para a zona de prazer do cérebro, que dita suas decisões e seus atos. Por essa razão, toma medidas positivas para que a vida seja repleta de felicidade e de risadas espontâneas. É isso que significa ter vontade hedonista. Conectar-se com essa via que leva diretamente ao prazer.

Por exemplo, um cérebro jovem sabe imediata e instintivamente que música vai combinar com seu estado de espírito e lhe dar o máximo prazer. Em uma enorme loja de iluminação, é capaz de se dirigir diretamente à luminária que deseja. Em uma confeitaria, sabe instintivamente o que lhe dá água na boca.

E tem mais. Além de suas escolhas lhe proporcionarem maior prazer pessoal, todo mundo à sua volta sente a sensatez de suas decisões. Você talvez já tenha tido esta experiência: um amigo o convida para jantar e, da hora que você chega ao momento da despedida, tudo é perfeito — exatamente como deveria ser. A música combina perfeitamente com o astral do ambiente, a iluminação é difusa e a combinação dos pratos é sublime. Isso é o que os franceses chamam de "art de vie", a arte de viver a vida plenamente.

A sabedoria da juventude diz: desenvolva a vontade hedonista em sua vida e evite essa viagem desconfortável e sem sentido pelo deserto.

Como encontrar a felicidade

Os jovens sentem-se mais felizes, como demonstra o quadro seguinte. Ao que parece, a vida vai ficando menos alegre à medida que envelhecemos.

% de concordância	15-17	18-24	25-34	35-44	45-54	55-64	+ de 65
Eu me senti feliz nos últimos seis meses	87	85	78	76	67	67	58

Fonte: Sociovision 3SC, Reino Unido, 2005.

Até que ponto essa falta de alegria é inerente à vida e até que ponto é fruto da maneira de encarar a vida? Mais uma vez, achamos que as oportunidades da vida são muito influenciadas pela atitude pessoal. Os velhos, particularmente os cérebros velhos, tendem mais ao tédio e à melancolia.

Os cérebros jovens, por outro lado, têm um forte desejo de encontrar a felicidade e o prazer onde quer que eles estejam. Como constataremos, eles desenvolveram a maneira de pensar necessária para que o prazer continue fluindo em sua vida.

É preciso destacar mais um ponto antes de continuarmos a explorar a vontade hedonista. Evitar as armadilhas do Paradoxo de Abilene tem alguns pontos em comum com o egoísmo esclarecido, mas é uma sabedoria distinta. O egoísmo esclarecido está essencialmente ligado ao ser interior — é introspectivo, porque nos impede de murchar, e cria oportunidades para o nosso florescimento. A vontade hedonista, por outro lado, tem um viés externo — é uma abordagem positiva que cria oportunidades para a alegria e a felicidade.

Cérebros velhos são tristes

Um cérebro velho costuma sofrer de uma falta quase permanente de senso de humor.

Preocupação, estresse, responsabilidades, a labuta diária, tudo conspira para tirar a alegria da vida. Viver é um assunto sério.

O problema é que os cérebros velhos não são capazes nem de um sorriso falso. Perderam a capacidade de brincar. E quando veem outras pessoas sendo frívolas ou brincalhonas, acham isso constrangedor. Numa criança pequena, seria aceitável e até encantador. Mas num adulto — de qualquer idade — é realmente inaceitável!

Na Inglaterra, durante a guerra, o comediante Tommy Handley se apresentava num popular programa de rádio e fazia rir as tropas e os cidadãos civis. Um dos personagens de Tommy era Mrs. Moanalot (Dona Resmungona), que, com seus resmungos incessantes, fazia jus ao nome.

Uma das principais razões para a falta de alegria dos cérebros velhos é que, como Dona Resmungona, eles raramente têm percepção de si mesmos e de seus paradoxos. Sua falta de senso de humor nasce da incapacidade de rir de si próprios. Costumam ser defensivos e se entrincheirar atrás das barricadas da posição social e do *status*. Rir os tira da zona de conforto; implica riscos e perda de *status*, o que os deixa irascíveis e mal-humorados.

Os cérebros jovens acham natural rir de si mesmos. A raça humana é, em essência, absurda, e os cérebros jovens se conhecem o bastante para reconhecer esse fato. Recentemente, por exemplo, uma mulher de cérebro jovem comentava um jantar que oferecera, no qual o prato principal, uma torta, queimou no forno. Assim mesmo, ela a serviu aos convidados, com a instrução bem-humorada de simplesmente tirar a crosta queimada, porque por baixo a torta estava uma delícia!

Na mesma situação, um cérebro velho teria se descontrolado. Uma torta queimada seria considerada um erro grave. Teria havido vergonha, profusas desculpas aos convidados, uma correria para servir outro prato. Provavelmente, até uma oferta de irem comer fora.

Cérebros velhos simplesmente não procuram situações ou experiências alegres e divertidas, e por isso quase não as encontram. Um cérebro velho perde muitas oportunidades de se divertir.

Talvez você constate essa situação em sua vida. Algumas pessoas simplesmente não conseguem extrair nenhum prazer em receber um presente. Nem mesmo um presente oferecido com sinceridade é capaz de fazê-las sorrir. Elas dão de ombros, fazem uma careta e até criticam o presente ou quem o dá ("Você não devia"/"Já tenho tudo de que preciso"/Isto é muito caro"). O que elas nunca fazem é sorrir e agradecer com entusiasmo.

Você talvez conheça pais tão preocupados com princípios e tão rígidos na educação dos filhos que nem o comportamento mais encantador de uma criança deixa de merecer uma cara feia. A criancinha chega e, toda orgulhosa, exibe as mãos sujas de terra depois de uma brincadeira no jardim, e a única coisa em que o pai ou a mãe consegue pensar é em lhe dar uma lição sobre conveniência e higiene. O mesmo comportamento seria recebido com um sorriso e uma foto por um pai ou uma mãe diferentes. Qual deles, em sua opinião, tem o cérebro velho?

No final, tudo isso pode levar a uma vida triste. Falta de alegria leva a interpretações negativas dos acontecimentos. E um círculo vicioso pode se estabelecer, já que acontecimentos negativos levam à falta de alegria.

Da mesma forma, a tristeza só atrai amigos igualmente tristes.

Compare essas armadilhas a que estão sujeitos os cérebros velhos com os benefícios da vontade hedonista.

Benefícios da vontade hedonista

Os benefícios da vontade hedonista são altamente desejáveis:

- Economizar tempo para o que você realmente deseja fazer na vida — evitando viagens inúteis a Abilene.
- Fazer muitos e divertidos amigos.
- Sentir a alegria de fazer os outros rir e compartilhar a sua alegria.
- Seguir o fluxo, ou seja, vivenciar coisas novas; levar a vida como uma aventura.
- Abrir-se para a sorte.
- Sentir que você é abençoado — um dos poucos a ter uma vida feliz.
- Libertar-se de rituais e obrigações sem sentido.
- Colher as recompensas pelo trabalho; a diversão faz tudo valer a pena.
- Sentir a alegria e a satisfação de pertencer a uma família ou a um grupo de amigos íntimos que sabem rir juntos.

Adote as três mentalidades da vontade hedonista

Mais uma vez, para ajudar você a aproveitar os benefícios da vontade hedonista, identificamos três maneiras de pensar que os cérebros jovens adotam naturalmente e que lhes permitem enfrentar a vida com brilho nos olhos e alegria no coração:

- Buscar o prazer.
- Rir muito.
- Agarrar a sorte.

1. Busque o prazer

Vamos começar com algumas provocações para ver até que ponto seu cérebro é orientado para o prazer.

1. Se alguém lhe pergunta se gostaria de experimentar uma moto, o que você responde?
2. Você é convidado a participar de um prestigioso comitê que considera enfadonho. Você aceita?

Então, você precisa pôr um pouco mais de vontade hedonista em sua vida?

Divirta-se

Os cérebros jovens — é importante dizer — têm um forte desejo de buscar o prazer. Parecem entender instintivamente que se divertir não é apenas agradável, mas importante. Rir é algo que se deve levar a sério. Portanto, diz um cérebro jovem, vamos sair da rotina para que surja a oportunidade de diversão. Vamos buscar divertimento e excitação.

% de concordância	15-17	18-24	25-34	35-44	45-54	55-64	+ de 65
É importante para mim ter uma vida plena de divertimento e excitação	92	89	77	69	56	51	30

Fonte: Sociovision 3SC, Reino Unido, 2005.

O quadro acima dispensa comentários. Um jovem sai com entusiasmo em busca de diversão, enquanto os de mais de 65 anos praticamente a excluíram de sua vida. Eles podem achar que coisas como satisfação e contentamento são muito importantes, desde que não cheguem ao excesso. Pode-se dizer que a diversão é o alimento básico de um cérebro jovem. A capacidade de ser subversivo não depende da idade.

A busca do prazer pode assumir várias formas, mas tem, essencialmente, um lado mais leve e um lado mais pesado. O lado mais leve se revela em buscas mais perspicazes ligadas à arte e à cultura. Divertir-se em um museu, saborear bons vinhos, conversar com os amigos são prazeres leves. Assim como brincar com os filhos ou fazer piada com um velho conhecido. Esses passatempos simples lhe dão uma sensação difusa de prazer e torna mais fácil ver o lado engraçado da vida.

Os prazeres pesados são mais rudes e provocam emoções mais fortes: um esporte radical ou uma farra com os amigos. Também incluem a obsessão por revistas em quadrinhos ou uso de fantasias de super-heróis, por exemplo — ou malhar centenas de abdominais até suar. O que o atrair. Sem excesso e sem maldade, os prazeres pesados são uma fonte igual de diversão. A diversão representa um alívio das tensões da vida e é muito recomendável.

> Você talvez conheça *Jackass*, a série da TV americana que resultou em dois filmes de Hollywood. A série apareceu originalmente na MTV e mostra pessoas em aventuras malucas, absurdas, ridículas e perigosas. Não se pode encontrar uma tradução mais fiel da busca do prazer pesado.
> Naturalmente, os cérebros velhos acham tudo isso muito desagradável, até mesmo pervertido. Os cérebros jovens sensatos reconhecem a necessidade de limites, mas também veem *Jackass* como uma simples extensão dos vídeos de "cacetadas", nos quais adultos, crianças e animais sofrem quedas inesperadas, registradas por um cinegrafista amador. É engraçado ver uma pessoa escorregar numa casca de banana? Pode apostar que sim. Sempre foi e sempre será. O riso está dentro de nós. Então, por que contê-lo?

VIVENDO A SABEDORIA

Tente alegrar sua vida. Ao longo das próximas semanas, garanta-se alguma diversão. Talvez você tenha de "planejar" isso — como mui-

> tos comediantes planejam sua apresentação —, mas não deixe que isso o preocupe. O importante é rir e fazer rir, e não necessariamente uma compreensão inteligente imediata.
> Alegre sua vida cercando-se de amigos que gostem de se divertir e de atividades de lazer. Num futuro próximo, leia preferencialmente livros divertidos e assista a filmes que o façam rir.

Evite o desagradável

Outra tática óbvia que os cérebros jovens utilizam na busca do prazer é evitar situações desagradáveis. Deixar correr, deixar as preocupações para trás, não ficar deprimido pelas mazelas do mundo são maneiras legítimas de manter o astral alto.

Acima de tudo, os cérebros jovens entendem que o mundo se divide entre "radiadores" e "drenos". Radiadores são pessoas que emitem energia positiva e alegria. É uma alegria estar com essas pessoas porque elas animam a vida. Os drenos, ao contrário, sugam a vida que existe em você. São pessoas tristes e fazem a vida parecer deprimente. Um cérebro jovem se recusa a hipotecar a felicidade futura, a viver para o amanhã e tolerar um hoje infeliz.

> Não é tão comum, mas existem pessoas que trocam de emprego várias vezes por ano apenas porque estão tentando encontrar um lugar onde possam se divertir durante o trabalho. No fim da entrevista de emprego, o entrevistador perguntou a um candidato se tinha alguma pergunta a fazer. Sabendo que seu destino podia estar em jogo, o candidato refletiu por um momento e depois perguntou: "Vocês têm festas animadas?". Atitudes desse tipo deixam os cérebros velhos malucos: como recrutar alguém cujo principal critério é a busca de diversão? Do ponto de vista de um cérebro jovem, porém, é totalmente lógico que seu desempenho se baseie no seu estado de espírito e na sua alegria durante o dia de trabalho. Um trabalhador feliz é um bom trabalhador.

> **VIVENDO A SABEDORIA**
>
> Mantenha-se firme na intenção de mudar para melhor. Se algum "dreno" estiver sugando sua energia, trace um plano para neutralizá-lo ou tirá-lo da sua vida. Duro? Sim. Necessário? Sem dúvida.

Coloque as coisas em perspectiva

A busca do prazer é também um antídoto contra as más notícias do mundo atual. Os profetas do Apocalipse inundam o mercado com sua mensagem catastrofista: "Vocês ainda não viram nada". Pense nos títulos de algumas obras lançadas nos últimos anos: *Uma verdade inconveniente*, de Al Gore; *The comming economic collapse* (O iminente colapso econômico), de Stephen Leeb; *The coming China wars* (As inevitáveis guerras da China), de Peter Navarro; *The end of oil* (O fim do petróleo), de Paul Roberts, só para citar algumas. O admirável *The meaning of the 21st century* (O significado do século 21), de James Martin, começa com a seguinte frase: "No início do século 21, a humanidade se encontra num rumo não-sustentável, um rumo que, se não for mudado, vai levar a catástrofes de terríveis consequências. Este pode ser o último século da humanidade".

Assustador. Capaz de nos tornar pessimistas e atirar o mundo num lamaçal de tristeza e dor. Mas esse clima de incerteza e ameaça é justamente o que leva os cérebros jovens a desejar espontaneidade e diversão — mesmo que o humor seja, às vezes, muito negro. Diante de um contexto deprimente, um cérebro jovem diz: "Então vamos aproveitar a vida ao máximo".

Essa foi, lembre-se, a reação da juventude dos agitados anos 1960. A Guerra Fria e, com ela, uma sensação genuína de iminente destruição nuclear em escala mundial, gerou uma alegria e uma celebração da vida em escala épica. Irreverência, espontaneidade e sexo para todos eram as palavras de ordem, e os Beatles, os Stones e Dylan "governaram" o mundo.

Mais recentemente, essa foi a surpreendente descoberta depois dos terríveis ataques de 11 de setembro. Contrariando todas as expectativas, os bares e boates de Manhattan ficaram lotados nas semanas subsequentes. Em vez de se voltarem para a tradição, com seriedade e sobriedade, os cérebros jovens decidiram que, diante da fragilidade da vida, a melhor tática era celebrar o fato de estarem vivos.

Aprofundando um pouco, esse comportamento revela muito sobre a maneira como o cérebro jovem funciona. Não é que eles não vejam os graves problemas na esfera coletiva nem que não se importem — é claro que se importam, e ardentemente. Entretanto, estão preparados para separar o que acontece na sociedade do que acontece em sua esfera pessoal. Para um cérebro jovem, é totalmente possível estar triste e desiludido com as desgraças do mundo e feliz e confiante na vida pessoal. "Divirta-se enquanto pode — porque amanhã estaremos todos mortos" é o lema de um cérebro jovem.

VIVENDO A SABEDORIA

Esqueça jornais, noticiários de TV etc. por quinze dias — eles são drenos, capazes de envenenar tudo o que é positivo. Você vai se surpreender como o mundo vai ficar mais positivo e alegre sem eles.

---

2. Ria muito

1. Você dá uma boa gargalhada quase todos os dias?
2. Você sistematicamente deleta e-mails de amigos que lhe enviam piadas ou fotos engraçadas?

Ria de si mesmo

A base do humor é a capacidade que temos de rir de nós mesmos. Pode ser doloroso — quando somos o motivo da sátira ou de outro tipo de piada —, mas quem perde essa capacidade está em maus lençóis.

Os cérebros velhos, em geral, não se acham engraçados. Os cérebros jovens sim.

> Rir de si mesmo é uma ótima maneira de reduzir a tensão. Em suas tragédias, Shakespeare cria vários tipos de tolos para criticar a pomposidade ou a rigidez, ou para aliviar o clima antes de um fato desastroso. Em *Hamlet*, uma das maiores tragédias já escritas, ele debocha da plateia inglesa na cena dos coveiros, quando o jovem príncipe da Dinamarca está prestes a descobrir que Ofélia está morta e o povo ainda pensa que ele está louco e foi levado da Dinamarca para a Inglaterra por Rosencrantz e Guildenstern.
> HAMLET: Há quanto tempo és coveiro?
> PRIMEIRO COVEIRO: Não sabeis? Qualquer tolo poderia vos dizer: foi no dia em que nasceu Hamlet, aquele que ficou louco e mandaram para a Inglaterra?
> HAMLET: Ah, sim? E por que o mandaram para lá?
> PRIMEIRO COVEIRO: Porque enlouqueceu. Lá há de recuperar o juízo, mas, se não o fizer, não importa.
> HAMLET: E por quê?
> PRIMEIRO COVEIRO: Porque lá ninguém perceberá isso; são todos tão loucos quanto ele.
>
> William Shakespeare, *Hamlet*, Ato V

Rir de si mesmo — ou se divertir quando alguém ri de você — é uma ótima maneira de demonstrar a você e aos outros que você não se leva a sério. Mostra que você tem confiança e autoestima suficientes para não se preocupar por parecer ridículo. Só pessoas de ego frágil ou inseguras (ou cérebros velhos) têm medo de rir de si mesmas. Os que possuem uma autoimagem saudável aproveitam a oportunidade de se ligar aos outros pelo humor. Isso prova que eles têm percepção de si mesmos e de seus defeitos, além de cordialidade e humanidade.

> **VIVENDO A SABEDORIA**
>
> Faça algumas piadas à sua própria custa. Sorria. Divirta-se por ser um pouco tolo.
> Melhor ainda: aproveite uma festa infantil para se vestir de palhaço e divertir uma plateia de olhos arregalados, que vai rir à sua custa. Sinta o riso inocente aquecer seu coração.

Não ligue para coisas sem importância

Um cérebro jovem adota uma mentalidade que lhe permite rir da vida. Em situações em que os outros perdem o humor, o cérebro jovem gosta de descobrir o lado engraçado da vida. A barba do Papai Noel caiu? A festa fica mais engraçada! Falta um saca-rolha na cesta de piquenique? Não tem importância. Afinal, quem gosta de vinho? A água da fonte vai servir muito bem. O vento derrubou a barraca? Ótimo, ar condicionado grátis!

Se você tiver a atitude correta, pequenos problemas são motivo de riso.

Esta não é uma sabedoria difícil de aprender, mas muita gente reage exatamente ao contrário. Se algo dá errado, temos mais uma prova de que tudo está contra nós. Ao mesmo tempo, sentimos inveja daquele sujeito ou daquela moça que vivem cercados de amigos e sempre parecem ver o lado divertido da vida.

> **VIVENDO A SABEDORIA**
>
> Quando algo sem importância dá errado, é uma oportunidade de rir. Então ria, e jogue fora qualquer pensamento de que você é a vítima preferida da Lei de Murphy.

Distribua alegria

Aliado à capacidade de rir muito existe o conceito de distribuir alegria. Talvez você tenha visto o filme *O fabuloso destino de Amélie Poulain*, no qual Audrey Tatou faz o papel de uma moça que escolhe como missão levar luz e alegria à vida dos vizinhos — e até de estranhos. Nesse filme inspirador de Jean-Pierre Junet, Amélie descobre por acaso no seu apartamento uma caixinha cheia de objetos pessoais que pertenciam a um antigo morador. Ela vai atrás do dono, devolve a caixinha e sua ação gera maravilhosos benefícios. Determinada a continuar nesse novo papel de facilitar a vida das pessoas, Amélie começa a ajudar pessoas cegas pela cidade e a harmonizar a vida amorosa dos colegas.

Esse filme edificante aciona no cérebro uma determinada maneira de pensar. A ideia é que, fazendo pequenas gentilezas, tendo um temperamento alegre e rindo com frequência, você provocará um efeito sutil, mas significativo, em todos os que o cercam. Algumas dessas pessoas conservarão e espalharão essa serenidade, provocando uma reação em cadeia que fará o mundo todo sorrir.

Embora, para muitos cérebros jovens, a ideia de que uma pequena ação possa ter um impacto imenso seja mera questão de fé, matemáticos confirmaram essa crença em seu trabalho sobre a teoria do caos.

Os matemáticos dão a isso o nome de "sensível dependência das condições iniciais" ou, popularmente, "efeito borboleta". A teoria afirma que pequenas variações da condição inicial de um sistema dinâmico não linear podem gerar grandes variações no comportamento de longo prazo do sistema. Por exemplo: uma bola colocada no topo de uma montanha pode correr para diferentes vales, de acordo com sua colocação precisa.

Assim, o efeito borboleta confirma o antigo ditado: "ria, e o mundo vai rir com você". Além de reconhecer o efeito estimulante da alegria e do humor na vida cotidiana, o cérebro jovem também entende o outro lado da moeda: "Chore, e você vai chorar sozinho".

Bobby McFerrin é o autor de um sucesso de Bob Marley que capta exatamente o mesmo sentimento. Se você se lembra de sua contagiante melodia, cante a seguinte letra (dentro da sua cabeça, se necessário, mas em voz alta, se você realmente se sente um cérebro jovem!):

> Ain't got no cash, ain't got no style
> Ain't got no girl to make you smile
> Don't worry, be happy
>
> 'Cause when you worry your face will frown
> And that will bring everybody down
> So don't worry, be happy
>
> [Mesmo que não tenha dinheiro, mesmo que tenha estilo
> Mesmo que nenhuma garota lhe dê um sorriso
> Não se preocupe, seja feliz
>
> Porque quando você se preocupa seu rosto fica carrancudo
> E isso derruba todo mundo
> Assim, não se preocupe, seja feliz]

VIVENDO A SABEDORIA

Quando você estiver triste, chateado, ou a situação for difícil, cante esta canção. Sim, não se preocupe, seja feliz.

Seja feliz para ficar ainda mais feliz

O mais notável é que felicidade e alegria fazem parte de uma profecia autorrealizável. Em recentes estudos sobre felicidade e bem-estar (uma área de pesquisa hoje chamada de "estudos de felicidade"), psicólogos e sociólogos usaram questionários detalhados para explorar e mensurar como as pessoas avaliam sua satisfação na vida.

Existem hoje amplas evidências de que as pessoas que dão uma avaliação alta à sua felicidade e satisfação na vida são vistas sorrindo e rindo com mais frequência do que as que fazem uma avaliação baixa. Em confrontos separados, amigos foram consultados, e suas opiniões costumam se aproximar bastante das autoavaliações. Portanto, as pessoas não estão fingindo diante do entrevistador.

Embora possa ser óbvio, é bom confirmar: se você tem a capacidade de aproveitar a vida, e gratidão pelo que conseguiu, tem maior probabilidade de dar mais risadas e sorrisos à medida que transmitir sua alegria.

Mais uma prova dos resultados positivos desse estado de espírito vem da medicina. A serotonina é um hormônio liberado pelo cérebro que, segundo os cientistas, pode desempenhar um papel importante no controle da raiva, da agressão, na temperatura corporal, estado de espírito, sono, sexualidade e apetite. Baixos níveis de serotonina podem estar associados a diversos distúrbios, como aumento da agressividade e da raiva, depressão, distúrbio obsessivo-compulsivo, enxaqueca, síndrome do intestino irritado e ansiedade.

Altos níveis de serotonina têm efeito contrário. Não é à toa que ela tem sido chamada de "hormônio da felicidade". Embora a genética e fatores ambientais determinem os níveis de serotonina, a questão importante é que a felicidade e o riso produzem mais serotonina a ser liberada. Então é verdade que rir pode tornar você mais saudável.

> **VIVENDO A SABEDORIA**
>
> Existe um momento, quando estamos felizes, em que quase podemos sentir a liberação de serotonina em nosso organismo. Experimente o seguinte. Diga a si mesmo, dez vezes, "sou feliz". Enquanto diz isso, sorria e coloque toda a sua intenção nisso. Sente alguma coisa surgindo dentro de você e fazendo-o sentir-se mais positivo? Esperamos que sim, porque esse é o efeito que você está procurando.
>
> Concentre-se em rir mais todos os dias (leve isso a sério, não é brincadeira) e sinta o hormônio da felicidade circulando livremente em seu sangue.

Diversão e amizade

Não é preciso dizer que risadas e divertimento são, muitas vezes, consequência dos relacionamentos humanos. É, portanto, vital manter mais os relacionamentos em que você possa se sentir à vontade, leve e alegre. Mais uma vez, evite pessoas desagradáveis. Essa regra simples o libertará de uma vida de fofocas, provocações infantis e negatividade deprimente.

Como vimos anteriormente, buscar "sangue novo" traz muitos benefícios. Se você tem um amplo círculo de amizades, provavelmente vai conseguir identificar quais são, entre eles, os cérebros jovens que procuram se divertir. Feito isso, coloque-se do lado deles e divirta-se. Ao mesmo tempo, como seu círculo de amigos é bastante amplo, você não vai pôr toda a sua rede de amigos em risco com sua busca de prazer.

> **VIVENDO A SABEDORIA**
>
> Faça uma relação de todo mundo que você conhece — na cabeça ou no papel — e assinale aqueles que levam a vida de uma maneira

amorosa e divertida. Uma dica: são aqueles que estão sempre brincando e que têm linhas ao redor da boca e dos olhos de tanto rir. Procure mais esses amigos e evite os outros.

3. Agarre a sorte

1. Se alguém lhe dá a mão quando você está precisando, você aceita a sua boa sorte de braços abertos — ou educadamente recusa a ajuda?
2. Você permite que a sensação de falta de sorte o deprima?

Procure a sorte

Vamos analisar outra maneira pela qual os cérebros jovens se asseguram uma vida espontânea e cheia de diversão. A esta altura você já deve ter detectado certa influência oculta da espiritualidade na maneira de pensar dos cérebros jovens. Essa influência não se manifesta necessariamente numa religiosidade, mas na disposição de se abrir a acontecimentos e influências que estão além da dimensão cotidiana. Essa parceria com o inexplicável é muito evidente quando falamos em agarrar a sorte.

Sorte é uma noção muito antiquada, que logo nos faz pensar em pés de coelho e gatos pretos. Todas as culturas estão permeadas por lendas, superstições e presságio sobre o que traz boa ou má sorte. Os cérebros jovens acrescentam à sorte a determinação. Sorte mais a capacidade de prender a sorte pelos cornos é o que é necessário na vida moderna, eles dizem.

Assim, quando a Dona Fortuna surgir no seu caminho, esteja preparado para abrir espaço para ela.

Na prática, o que significa agarrar a sorte? Quando você está pensando em mudar de emprego e o anúncio certo salta da página de classificados que você folheava sem muita atenção, é o acaso em ação. Aproveite esse acaso e candidate-se ao emprego imediatamente. Quando você tem um problema e simplesmente topa num jantar com alguém que conhece a solução, agarre essa boa sorte e use-a em seu proveito.

E se sua filha está tendo dificuldade com a matemática e você encontra numa banca exatamente o livro que pode ajudá-la? E aquele dia em que você estava desesperado por companhia e um velho amigo telefonou? É o acaso em plena ação.

Esta é uma triste verdade, mas muitas pessoas renunciam à sorte. Você é uma delas? Você é do tipo que jamais vai comprar um bilhete de loteria ou tentar a sorte numa barraca de feira? Apesar de seus protestos, isso tem muito menos a ver com sorte e muito mais com sua disposição de abrir-se ao acaso.

VIVENDO A SABEDORIA

Dê uma boa olhada em si mesmo e responda às seguintes perguntas: Acredito que posso ter sorte? Acredito que mereço ter sorte? Se responder "não" às duas perguntas, você realmente precisa se esforçar para se abrir à sorte. Você precisa começar a desejá-la, a aceitá-la e, finalmente, a agradecer por ela.

É fácil demais? E daí?

Parece óbvio, mas os encontros ocasionais e os achados da sorte são facilmente ignorados. Cérebros velhos podem ficar tão apegados à necessidade de fazer um esforço consciente para encontrar uma solução que mesmo que a resposta surja à sua frente eles a ignoram. Se foi tão fácil — diz o cérebro velho —, provavelmente não vale a pena. Temos uma notícia para essas pessoas: perseverança não é o único caminho para o destino.

> **VIVENDO A SABEDORIA**
> Quando a sorte lhe sorrir, diga SIM!

Sorte e emoções

Ter sorte pode ser uma fonte de divertimento e sucesso. Um colecionador amador que percorre os antiquários e encontra uma rara estatueta *art déco* terá o que contar aos amigos durante meses. Dois estranhos que se conhecem por acaso durante uma viagem podem acabar compartilhando os dias que lhes restam de férias e passar a maior parte do tempo rindo de sua boa sorte.

Agarrar a sorte também significa não ter arrependimentos. Vendo a vida como uma gigantesca roleta, os cérebros jovens estão preparados para fazer suas apostas e até mesmo para se arruinar antes de começar de novo. Para eles, isso não significa perda, porém aprendizado. A gente só perde quando se arrepende. O arrependimento só serve para colocar você para baixo e evitar a espontaneidade no futuro.

Quantos cérebros velhos vivem tristes e em silencioso desespero por terem perdido um ser amado? Como é possível vencer essa sorte cruel? A resposta é simples: ser grato pelo que se tem, não se arrepender e então se abrir para os acontecimentos e encontros espontâneos. Parece fácil de dizer, naturalmente, mas a crença na benevolência de Dona Fortuna definitivamente ajuda a manter o moral alto em períodos difíceis da vida.

> **VIVENDO A SABEDORIA**
>
> Quando a sorte lhe sorrir, reafirme isso e aproveite os prazeres que provêm dessa bênção totalmente inesperada. E não deixe de procurar a bondade — e a boa sorte — que cada dia traz.

Foi uma decisão de sorte

Todos os dias, todo mundo tem que tomar muitas decisões que podem nos deprimir — especialmente as grandes decisões. Mas a crença na sorte e uma espécie de bondade universal podem deixar as decisões mais leves e nos ajudar a seguir em frente. Os cérebros jovens têm fé de que "se você saltar, a rede vai aparecer".

Quantas vezes, vendo a boa sorte de outros, você disse: "Ah, eles tiveram sorte. Estavam no lugar certo, na hora certa"? Pondo a inveja de lado, talvez você tenha razão: eles tiveram sorte. Mas eles só tiveram sorte porque foram ousados ao tomar decisões. Na vida, a sorte realmente favorece os corajosos.

Isso acontece quando você decide abandonar um mau emprego e mais tarde se vê exatamente na área em que sonhava em trabalhar. Acontece quando você sai do caminho conhecido e acaba topando com algo simplesmente deslumbrante. Acontece quando você e seus amigos decidem não ficar parados num domingo chuvoso e o sol surge e brilha durante todo o passeio.

> **VIVENDO A SABEDORIA**
>
> Da próxima vez que tiver que tomar uma decisão, conte com uma boa dose de sorte. Tenha fé de que o sol vai brilhar qualquer que seja o curso de ação escolhido. Então esteja preparado para que venham os bons tempos. Se você não estiver preparado, eles não virão.

Resumo de objetivos

- Busque o prazer; não é pecado e vai lhe fazer muito bem.
- Ria de si mesmo e ria com os outros frequentemente.
- Confie na sorte e esteja preparado para ir aonde ela o levar.
- Rir e se divertir na companhia de outras pessoas não é difícil se você adotar a maneira como o cérebro jovem leva a vida.

Aproveite!

Capítulo 8

Projetando o futuro

Em 1783, Benjamin Franklin estava em Paris, nos jardins da Rue de Montreuil, observando o primeiro voo empreendido pelo homem. Dois intrépidos aventureiros arriscavam a vida em um balão construído pelos irmãos Montgolfier. Quando o balão subiu, um espectador voltou-se para Franklin e perguntou: "Senhor, francamente, para que serve voar?". Ao que Franklin respondeu: "Senhor, para que serve um bebê recém-nascido?".

O que é projetar o futuro

Já se disse que a melhor maneira de prever o futuro é criá-lo você mesmo. É outra maneira de dizer que ou você controla a sua vida ou a vida vai controlar você. A sabedoria da juventude rejeita o fatalismo de que somos vítimas dos acontecimentos. Ela ensina que a vida é uma folha em branco — portanto, faça alguma coisa dela!

Como enfatizamos ao longo deste livro, assumir o controle da própria vida é ainda mais importante hoje do que foi num passado recente. Quando o mundo girava lentamente em seu eixo, era bom seguir o rumo dos acontecimentos, com a vantagem da estabilidade e da previsibilidade. Quem deseja fazer onda quando a maré da mudança é suave e nos embala num sono tranquilo?

Vamos correr a fita até o presente. Hoje o mundo gira muito mais rápido. As coisas acontecem com uma velocidade muito maior, e temos que fazer um esforço para manter alguma coerência e alguma direção em nossa vida.

Ninguém deseja estar à mercê dos outros ou dos acontecimentos. Não é nada divertido ser jogado no mar no meio de uma tempestade É muito melhor cada um projetar seu próprio salva-vida. Hoje, mais do que nunca, construir o próprio futuro é a única coisa sensata.

Os cérebros jovens assumem a responsabilidade por seu futuro e perseguem a sua realização.

Para começar, eles são altamente criativos e acreditam firmemente na força da representação mental. Em outras palavras, desenvolveram a capacidade de ver, com os olhos da mente, como querem que as coisas sejam.

O que isso significa na prática? Um simples exemplo é a decoração da casa. Sabe quando você vai à casa de alguém e nada combina? As cortinas não têm nada a ver com as poltronas e a mesa de jantar rústica se choca com a decoração da lareira? Vermelhos fortes brigam com beges envelhecidos e tons neutros contrastam com verdes brilhantes? Em suma — a sala é uma confusão desagradável.

Um cérebro jovem faz de tudo para evitar que isso aconteça. Tenta visualizar a aparência final que deseja e começa a trabalhar a partir daí. Escolher as cores, os materiais e os acabamentos corretos pode levar meses, até anos. Mas o essencial é levar essa imagem com você e trabalhar para a sua realização.

Não estamos afirmando que todo cérebro jovem é um decorador nato. Poucas pessoas têm um talento instintivo para o *design*. A maioria precisa aprender a fazer isso, da mesma forma que desenvolve qualquer outra habilidade. Tudo começa com a observação, e quase sempre o talento se desenvolve com croquis, fotos, recortes de revistas, retalhos de tecidos etc. O importante é que criar o ambiente onde se vai viver com criatividade é uma maneira de dominar o mundo.

Por outro lado, todos nascemos com mais imaginação do que nos permitimos expressar quando adultos. De alguma forma, os métodos de ensino e a labuta diária acabam sufocando nossa capacidade visionária. Perdemos mais essa sabedoria da juventude.

Os cérebros jovens, porém, insistem e exercitam a imaginação em todas as áreas da vida — e não apenas nas tangíveis. Pensam na carreira e visualizam aonde querem chegar muito antes que isso aconteça. Os relacionamentos também são projetados antes de se tornarem realidade. Na vida de lazer, eles usam técnicas de visualização, por exemplo, para se verem fazendo o gol da vitória muito antes de chegar ao campo para jogar.

> "A nova geração... quer ter controle sobre sua vida... quer ampliar o sentido de autoria desde a decoração da casa até a maneira como constrói uma carreira... quer ter autonomia, tomar a iniciativa e ser recompensada com conquistas e reconhecimento." Charles Leadbeater, *We-think*

Tudo se resume a antever o futuro e moldá-lo. Se você não pode prever para onde está indo, como saber se está no caminho certo?

Com imaginação, podemos inventar domínios pessoais, desenrolar novas histórias de vida, criar novas narrativas. E podemos, primeiro, convencer a nós mesmos no mundo particular — e depois convencer os outros no mundo real. Lembre que o pensamento vem antes de qualquer ação.

Isso traz à tona outra habilidade que o cérebro jovem alimenta: a criatividade. Criatividade é imaginação aplicada. É a ponte entre o que você vê com os olhos da mente e o que o mundo vê. Implica fazer coisas novas e originais. Para ser criativo, porém, o resultado precisa construir algum novo valor. Isso significa que deve mudar o mundo de alguma maneira — ou pelo menos a percepção dele. Uma produção criativa, por definição, molda o mundo — e, portanto, ajuda o cérebro jovem a dominar seu ambiente.

Mais uma vez, criatividade não é um dom que vem do céu, mas algo que é praticado. E, embora possa ser mais natural na infância, precisa de um trabalho consistente e bons hábitos para continuar funcionando na vida adulta.

> "Existe um processo que gera criatividade — e você pode aprendê-lo. Pode torná-lo um hábito. Ninguém nasce com esse talento [criativo]. Ele se desenvolve com a prática, através da repetição, da mistura de aprendizado e reflexão, que é dolorosa, mas gratificante." Twyla Tharp, *The creative habit*

Naturalmente, a criatividade não tem um objetivo definido. Pode ser escrever um livro, executar uma música, pintar um quadro ou projetar um edifício. Ou pode ser administrar uma organização ou fundar uma empresa. Ou, num nível mais cotidiano, pode ser simplesmente encontrar uma maneira diferente de passar a roupa ou cuidar do jardim.

Embora o ambiente nos incite a ser imaginativos e criativos, temos a felicidade de viver em uma época em que os meios de refazer o mundo (político, artístico, doméstico, tecnológico...) que nos cerca está disponível a quase todo mundo. A sabedoria da juventude ensina a reconhecer isso e nos inspira a escolher pincéis e tintas e desenhar o amanhã.

Explorar a criatividade

Usar a imaginação e a criatividade é o aspecto mais agradável de redescobrir a sabedoria da juventude.

À medida que nosso cérebro envelhece, tendemos a usar cada vez menos a criatividade e a imaginação. O quadro a seguir mostra isso claramente. Quando chegamos aos 25 anos, começamos a aceitar o mundo como ele é em vez de transformá-lo como gostaríamos que ele fosse. A queda da imaginação é particularmente acentuada depois dos 65 anos.

% de aceitação	15-17	18-24	25-34	35-44	45-54	55-64	+ de 65
Costumo criar meu próprio mundo entre a realidade e a imaginação	57	61	54	45	47	44	32

Fonte: Sociovision 3SC, Reino Unido, 2005.

Faz parte do impulso da juventude criar uma música nova, uma nova arte, novas abordagens e novas maneiras de pensar — algo que seja diferente e original.

O cérebro jovem pensa assim. De que outra maneira explicar o inventor de 70 anos ou a senhora de 50 anos que está prestes a abrir uma fábrica de bijuterias?

Não há limite de idade para ser criativo — você só precisa rejuvenescer seu cérebro e começar a praticar.

Não pare de sonhar

Quando Martin Luther King disse aos americanos que tinha um sonho, estava tocando numa profunda emoção de todos os seres humanos. Sonhos são grandes, edificantes e capturam a imaginação. Ter um sonho é estimulante e, ao mesmo tempo, um chamado para a ação. Sem sonho não existe motivação. E isso é algo que falta aos cérebros velhos.

Pergunte a uma pessoa de 80 anos quais são seus planos para o futuro e você terá como resposta um olhar de espanto. Planos?! Na minha idade? Você só pode estar me gozando.

Mas é assustador observar que muitas pessoas de 45 anos também já perderam o mapa da estrada. Em algum ponto do caminho, os sonhos passam a ser considerados coisa de jovens. Sonhar não é coisa que um adulto amadurecido faça.

Os cérebros velhos passam grande parte da vida no passado. Como eles eram quando eram mais jovens. Como era a sociedade. E, ah!, as grandes injustiças que se abateram sobre eles desde então...

> Em *Ensaios de amor*, Alain de Botton define esta síndrome como "psicofatalismo", dizendo que algumas pessoas [cérebros velhos] ficam "desnorteadas e exauridas com tantas interrogações: Por que eu? Por que isto? Por que agora?".

Nesse estado de pessimismo em relação à vida, como é que uma pessoa pode sonhar? Como é que alguém vai se motivar? Ao contrário, os pesadelos se avolumam. Assim como o passado era melhor, o futuro vai ser muito pior. Portanto, esqueça os planos para o futuro. E desista de ter poder sobre os acontecimentos ou de influenciar o futuro.

Muitas vezes, isso se reduz a uma simples constatação: "Criar o futuro? Eu nem consigo controlar o presente".

Mas, qualquer que seja a sua idade, 18 ou 80, há enormes recompensas a ganhar com esta sabedoria da juventude.

Leia a lista que segue e comece a imaginar uma vida melhor.

Benefícios de projetar o futuro

- Criar algo especial, capaz de dar prazer aos outros (um desenho, um jardim, uma refeição).
- Ter um sonho excitante, uma visão para a vida.
- Animar-se com a perspectiva do sonho e desfrutar o caminho para realizá-lo.
- Evitar a estagnação e a previsibilidade.
- Criar maneiras mais eficientes de enfrentar a vida cotidiana.

- Ser reconhecido como um inovador e convidado a participar de novos empreendimentos.
- Manter viva a vida familiar.
- Confiar na própria capacidade de encontrar a saída para situações difíceis.
- Estimular o interesse no trabalho criativo de outras pessoas; apreciar as artes.
- Criar um ambiente doméstico estimulante.
- Criar individualidade (no vestir, nos interesses, na criatividade).
- Pensar primeiro no futuro.
- Manter a esperança (considerada pelos psicólogos um elemento fundamental para uma vida feliz).

Adote as três mentalidades necessárias para projetar o futuro

Assim como acontece com todas as sabedorias da juventude, para desfrutar desses benefícios você terá que fazer certo esforço. Seus valores e maneiras de pensar precisarão de alguns ajustes. Sim, você vai precisar se estimular a sonhar, em vez de achar que essa é uma atitude frívola ou subversiva. As zonas de conforto precisam ser abandonadas (sim, você tem talento para a poesia ou para um curso de música).

O desafio é também rever e aceitar as três mentalidades necessárias a esta sabedoria da juventude:

1. Ser otimista.
2. Criar magia.
3. Ousar sonhar.

1. Seja otimista

> 1. Você acredita que a maioria das coisas é impossível?
> 2. Sua primeira reação a novas ideias geralmente é: "Isso não funciona" ou "isso nunca vai dar certo"?

Vamos olhar para o lado claro da vida.

Uma verdade histórica

Em termos da evolução da raça humana, é óbvio que os otimistas de cérebro jovem foram os principais motores do seu desenvolvimento. Eles fizeram mais coisas acontecer do que as pessoas que não tinham uma visão positiva da vida. Para que se preocupar em plantar as sementes na primavera se elas provavelmente não vão brotar no outono? Por que lutar contra os lobos e os ursos se eles são maiores e mais fortes do que nós? Para que defender o lar se o inimigo vai vencer de qualquer jeito?

O otimismo não é menos importante hoje — e um forte propósito interior acompanha naturalmente uma visão positiva.

O principal é que os otimistas não se limitam a esperar o melhor. A esperança é uma coisa muito positiva, mas, sem um plano e alguma ação, é fraca e provavelmente ilusória. É por estarem comprometidos e voltados para a ação que os otimistas conseguem transformar esperança em realidade.

> Em 1939, Winston Churchill liderava uma nação que enfrentava uma situação muito difícil, com chances quase impossíveis de

> sucesso. Despreparado e isolado, seu país encarava com desprezo as bombas lançadas pela força aérea alemã no início da Batalha da Inglaterra. Churchill sabia que seria necessário ter alguma teimosia otimista. Se o pessimismo tomasse conta, não haveria mais jeito e os alemães venceriam. Sendo um excelente psicólogo, ele conseguiu fazer com que o povo da Inglaterra projetasse um futuro em que pudesse olhar para trás e dizer: "Aquele foi o melhor momento deles".

A necessidade de otimismo é comandada por lições aprendidas instintivamente ao longo da história, e hoje validadas pelos psicólogos.

A psicologia descobriu que os otimistas costumam ver as coisas mais cor-de-rosa do que os fatos justificariam. Da mesma forma, acreditam ter mais controle sobre certas situações do que na verdade têm. O lado bom disso é que eles não se intimidam diante das situações e, consequentemente, costumam ter sucesso quando tudo indicava o contrário.

Também há provas científicas de que os otimistas costumam viver mais e ter melhor saúde.

> **VIVENDO A SABEDORIA**
>
> A chave para se comportar como se o copo estivesse três quartos cheio é cortar pela raiz os pensamentos cínicos e negativos. Isso exige grande força mental e um desejo verdadeiro de não cair na mira do pessimismo. Utilize a "conversa interior" a que nos referimos anteriormente e tente sempre contrariar qualquer reação espontaneamente negativa.

Pessimismo faz mal

É importante compreender quão insidioso é o pessimismo. É algo potencialmente devastador para a condição humana. Leva à depressão, em grande parte porque cria uma falsa sensação de sábia impotência. Os pessimistas acreditam que não podem mudar os fatos, e a falta de uma ação positiva gera uma profecia autorrealizável.

Os psicólogos dizem que, embora acreditem que estão tendo uma visão realista dos fatos (e, como comprovam as pesquisas, eles de fato estão), os pessimistas desenvolvem uma sensação de impotência porque sentem que nada do que fazem poderá mudar o resultado negativo da vida que os cerca. Eles ficam paralisados pela sensação de ser varridos pelos acontecimentos negativos. Ao longo dos anos, pesquisas demonstraram que os pessimistas conquistam menos, desistem mais facilmente e ficam deprimidos com mais facilidade. Essas mesmas pesquisas revelaram que os otimistas, por outro lado, costumam se sair melhor nos estudos, no trabalho e no esporte.

> Naturalmente, nem todo mundo é positivo. W. C. Fields era famoso por tirar humor do pessimismo: "Comece cada dia com um sorriso. Faça isso antes que as coisas piorem".

VIVENDO A SABEDORIA

Combata a impotência dando o "passo seguinte". Com isso queremos dizer que, toda vez que você estiver mal e sentir um pessimismo avassalador, imagine um amanhã melhor dando um pequeno, mas positivo, passo para longe do problema. Por exemplo: se você ficar sabendo que a venda da sua casa não deu certo, mude a decoração. O próximo comprador precisa se apaixonar tanto pela sua casa a ponto de não conseguir se afastar dela.

2. Crie magia

Eis mais duas provocações:

> 1. Você se esforça regularmente para encontrar soluções criativas com o intuito de melhorar as coisas para as pessoas que o cercam?
> 2. Você acha a complexidade do mundo preocupante ou estimulante?

Ok. Está pronto para criar magia em sua vida?

A magia do encantamento

A vida é excitante para os cérebros jovens por uma simples razão: eles se esforçam para que ela seja assim. Uma rotina previsível talvez seja a realidade, porém ela pode ser apimentada para se tornar mais imprevisível e excitante. Um dia rotineiro de trabalho incomoda o cérebro jovem, mas sua sabedoria instintiva o ensina a tirar o máximo proveito dessa situação, criando fatos incomuns e gratificantes — todos os dias.

Eles usam a imaginação para mudar a existência enfadonha e cansativa, e surgem com ideias inventivas para criar felicidade e magia.

Ao criar magia, o cérebro jovem reconhece que nem todo momento desta vida pode ser divertido e gratificante, contudo a vida é para ser vivida, e só vale a pena se coisas interessantes acontecerem e sonhos se tornarem realidade.

Teve um dia ruim no trabalho? A reação do cérebro velho ou de meia-idade é ir para casa e ficar ruminando sua insatisfação. O cérebro jovem diz: "Como levantar o astral e entrar num clima mais positivo e animado?". Ele vai procurar a magia em um bar, num shopping center, no cinema, criando um avatar no jogo Second Life ou mesmo passando na casa de um velho amigo do mundo real. Embora pareça estranho para um cérebro velho ou de meia-idade, fazer compras é criar magia para si.

> A lastminute.com, a empresa que vende ingressos excedentes para eventos e espetáculos, fez uma merecida fortuna com os que buscam colocar um pouco de magia em sua vida. Oferece ingressos para espetáculos que não foram vendidos pelo preço cheio ou foram devolvidos na última hora em razão de algum imprevisto. Seus clientes são pessoas que buscam levantar o astral com um programa inesperado.

Para um cérebro jovem, nada dá mais satisfação do que fazer alguma coisa memorável ligada à arte a que poucos tenham acesso, ainda mais se ela existe graças à força da sua imaginação, que lhe permitiu ser espontâneo e reagir de imediato. Melhor ainda é um convite de última hora para um fim de semana ou a visita a um parente idoso muito amado.

Pequenas coisas também podem criar momentos especiais. Uma pequena tatuagem no ombro, uma nova lingerie *sexy*, um bolinho delicioso partilhado com um amigo — qualquer oportunidade de fazer algo diferente ou proibido, que crie satisfação. Uma novidade para animar um dia maçante — e só requer um toque de criatividade para transformar coisas banais em interessantes ou excitantes.

> Um recente anúncio de Viagra captou isso perfeitamente. O marido está arrumando a cozinha e, ao abrir um armário, dá de cara com dezenas de recipientes de plástico. Seu olho viaja até a piscina no quintal e uma centelha aparece. Ouve-se a música "Viva Viagra", enquanto uma voz sugere que é importante manter a vida interessante. Corta para marido e mulher nadando à luz do crepúsculo, com as tampas dos recipientes de plástico flutuando majestosamente na piscina, servindo de suporte para velas. Um momento mágico que contém a promessa de outras coisas interessantes.

Embora a Pfizer, fabricante do Viagra, seja responsável pelas propriedades mágicas do medicamento, é evidente que o verdadeiro herói é a imaginação do marido e sua capacidade de criar um clima de encantamento.

Para os cérebros velhos, o desafio é evitar escorregar para o cinismo. Se o homem não tivesse a intenção de encantar sua mulher, é muito provável que não tivesse acendido todas as velas que flutuam romanticamente na piscina. O cérebro masculino, principalmente o dos velhos ou dos homens de meia-idade, costuma ser impaciente com velas. Elas custam dinheiro, fazem sujeira e fornecem uma iluminação inadequada para fazer qualquer coisa, principalmente comer!

Assim, os cérebros velhos — especialmente os masculinos — precisam resistir à tentação do cinismo e repensar suas atitudes em relação ao encantamento, em todas as suas formas. Romance e magia são facilmente descartados por cérebros velhos mal-humorados, que os consideram sem nenhuma utilidade. Mas eles têm valor e utilidade.

Eles nos ajudam a escapar do dia a dia funcional e pragmático para o modo mais imaginativo de pensar, que é natural nos cérebros jovens. Eles nos permitem encontrar o encantamento capaz de embelezar nosso dia e nossa vida.

Mas criar magia é mais do que se satisfazer com prazeres tentadores. Significa, por exemplo, criar um ambiente desejável em casa. Quando põe uma mesa com esmero para servir um prato da culinária tailandesa a seus convidados, você está inventando magia. Quando acende velas e ouve Chopin ou Jack Johnson enquanto toma banho, você está criando um momento mágico. Quando usa um novo perfume para mudar seu estado de espírito, você está procurando um encantamento olfativo. E mesmo quando você ouve o Nirvana a 100 decibéis, você procura emoção.

É muito mais fácil para a mente vegetar na frente da televisão, contudo, com essa inteligência imaginativa, a vida do cérebro jovem se torna mais gratificante — todos os dias.

Os cérebros jovens criativos procuram se satisfazer em muitos campos da vida em consequência direta de suas iniciativas criativas. Entretanto, vale notar que a recompensa mais buscada é a magia do reconhecimento. Isso é especialmente verdadeiro na internet.

> "Uma inovação social criada na Europa pré-capitalista dos séculos 16 e 17 por uma elite de nobres e cientistas está se generalizando graças à rede de computadores. Quando se diz que existe algo de estranhamente nobre na maneira como os criadores de softwares livres disponibilizam os frutos do seu trabalho sem pagamento, não se está muito longe da verdade. Obter reconhecimento através das críticas dos pares tem origem na tradição aristocrática da ciência, na qual o dinheiro não importava." Charles Leadbeater, *We-think*

> **VIVENDO A SABEDORIA**
>
> Quando você cria surpresas e distribui presentes, todo mundo ganha. Portanto, esforce-se para criar encantamento até que ele se torne uma parte indispensável de sua vida.

Beneficie-se da complexidade

Na busca de criar magia, os cérebros jovens lançam sua rede cada vez mais longe. Usam tecnologia, influências multiculturais, o que viram na última feira de negócios. A alegria de um cérebro jovem é misturar essas fontes e, num processo semelhante ao da alquimia, criar algo novo.

Combine *touch screen* com telefone celular e você terá um *i-phone* (Steve Jobs, da Apple, é um excelente exemplo de um cérebro jovem de meia-idade). Acrescente a tecnologia de microencapsulamento (processo usado nas amostras de perfumes em encartes de revistas) com a tatuagem e teremos revolucionárias tatuagens removíveis. Alie o desejo de comer *fast food* de qualidade em movimento e teremos uma *gourmet fast food*. Os benefícios da complexidade estão por toda a parte, e o cérebro jovem está juntando 1 mais 1 para obter 3. Ou estará somando 1 e 1 para obter milhares?

O cérebro jovem entendeu, com clareza instintiva, a força da comunidade da internet. A complexidade é posta em ação em benefício de todos. Flickr é um site que compartilha fotos. A partir dessa complexidade, os indivíduos podem ver e se estimular com o trabalho criativo da aldeia global.

Da mesma forma, a Wikipedia, a enciclopédia on-line, usa o conhecimento de uma área especializada em benefício da comunidade global. Todo mundo pode contribuir, corrigir e fiscalizar — e todos se beneficiam. Este e outros exemplos da rede de dinâmica social oferecem novas maneiras de aproveitar a aparente complexidade. E dão aos cérebros jovens a matéria-prima necessária para alimentar sua imaginação.

Os cérebros velhos, por outro lado, costumam se sentir perplexos diante da complexidade. Tendem a desenvolver um pensamento reducionista, quando deveriam ter um pensamento expansionista. Fatos, razões, análises — tudo conspira para fazer com que as pessoas bloqueiem seu potencial de imaginar ou fazer as coisas de uma maneira diferente. A síndrome do "Não foi inventado aqui" é um exemplo clássico de pensamento reducionista.

Criar magia é o pensamento expansionista insistindo em que toda maneira de pensar ou fazer algo está em pauta. Abre novas possibilidades e as mantém abertas até que elas possam ser absolutamente comprovadas.

A capacidade de se beneficiar da complexidade define a habilidade que tem o cérebro jovem de ver só oportunidades na cornucópia da vida moderna.

VIVENDO A SABEDORIA

Decida-se a aceitar a excitação, a riqueza e o potencial da complexidade e aproveite as novas percepções e a fertilização cruzada que ela pode estimular. Você precisa falar sobre um determinado livro no seu clube do livro? Dê uma olhada na maneira como outros escritores trataram o tema para obter uma perspectiva mais clara. Vai sair de férias e precisa acessar a internet no exterior? Converse com especialistas — *on-line* ou em lojas especializadas — para ver se a convergência de tecnologias pode oferecer uma resposta melhor do que a que você tem atualmente. O resultado pode transformar a flexibilidade do seu acesso à internet dentro do seu país também.

3. Ouse sonhar

Você ousa?

> 1. Você está engendrando ou realizando algum projeto criativo?
> 2. Você gosta de explorar mundos imaginários ou virtuais (obras de ficção científica, videogames, arte surrealista, romances históricos etc.)?

É o momento de entrar no país dos sonhos...

Volte à infância

O cérebro jovem tem a capacidade de guardar a infância dentro de si, e, assim fazendo, viver cada dia com criatividade e imaginação. Há muitas vantagens na vida adulta, mas ela não sustenta a imaginação. Pense por um momento em sua infância. Talvez você tivesse amigos imaginários ou um mundo de fantasia para suas bonecas. Provavelmente você brincou de médico e enfermeira, ou de índios e caubóis com seus amigos.

A imaginação se manifesta espontaneamente e muitas vezes assusta os adultos quando você os incorpora em suas fantasias. O que aconteceu então? É uma boa pergunta — e a resposta é que a educação — principalmente a educação escolar — mudou tudo.

> "Durante toda a vida somos ensinados a fazer a coisa certa, da maneira correta. Isso começa com nossos pais, continua na escola e se reforça no trabalho... Fazendo isso, quase sempre perdemos a capacidade de pensar tangencialmente e resolver nossos problemas de uma maneira criativa." Chris Barez-Brown, *How do have kick-ass ideas*, 2006

O cérebro jovem percebe que, para ser criativo, precisa se ver como criança — no jargão psicológico, fazer uma regressão consciente.

Ele se coloca num estado infantil quando brinca, não se importa com as aparências, recusa-se a se sentir constrangido, experimenta coisas novas. E, o mais importante: experimenta por meio da brincadeira.

> No mundo dos negócios, empresas como Ford, Visteon, JWT, Orange, para citar apenas algumas, têm salas cheias de jogos (lego, cubos, quebra-cabeças táteis) para estimular seus funcionários a regredir à infância criativa. What If é uma agência de inovação de âmbito mundial. Seu processo de inovação começa "ajudando as pessoas a descobrir seu gênio criativo". Seu conselho para conseguir um movimento criativo é: "Descubra que a vida é divertida". De acordo com What If, a receita para permanecer exatamente onde você está — em outras palavras, para ser um cérebro velho — é: "Seja sério! Leve tudo a sério! Leve-se a sério!" Chris Barez-Brown, *How do have kick-ass ideas*, 2006

As agências de publicidade há muito chegaram à mesma conclusão. Do tênis de mesa à sinuca, de bares *underground* a festas de fim de semana, a criatividade é estimulada por atividades regressivas.

Os melhores professores também percebem isso e continuam em contato com a criança interior. São bons no que fazem porque sabem se adaptar continuamente no relacionamento com os alunos. Não superficialmente, usando as mesmas roupas ou as mesmas gírias que eles, porém sendo contemporâneos em seus valores e atitudes.

Eles não fazem concessões em matéria de princípios, que são eternos, mas, porque se envolvem diariamente com jovens, atualizam instintivamente suas atitudes e seus valores para que eles continuem relevantes e se encaixem no contexto em que eles atuam. Eles ainda têm o mesmo deslumbramento e a mesma imaginação das crianças às quais ensinam. São como crianças, embora tenham a autoridade dos adultos.

> "[Teatro é] o paraíso para aqueles que secretamente colocaram a infância no bolso, de modo que possa continuar brincando até o fim de seus dias." Max Rheinhart, 1928, fundador do Festival de Salzburgo

Ter um sonho — imaginar um resultado desejável — é importante qualquer que seja a sua idade, ou a mudança que você quer que aconteça. Os sonhos se manifestam sob várias formas, tamanhos, cores e sabores. Você pode sonhar em ter um relacionamento melhor com um parente difícil, ou gostar de alguém que você não aprecia, ou ter uma vida social mais ativa, ou apenas realizar melhor sua atividade preferida.

Seja o que for, se você conseguir imaginar o que você deseja como se já fosse uma realidade, os sucos criativos da sua mente se porão em ação para encontrar uma maneira positiva de fazer o sonho acontecer. Assim, há uma forte probabilidade de que seu sonho aconteça, por mais improvável que possa parecer.

Os cérebros jovens sabem disso instintivamente e, por isso, costumam dar maior importância ao sonho que os cérebros velhos. Também dão mais importância aos sonhos que ocorrem durante o sono — outra forma de imaginar o que pode acontecer, de seu cérebro informar a você os resultados de suas ponderações subconscientes. Para um cérebro velho, tal sonho pode ser satisfatório, mas não levar a nada. Para um cérebro jovem, é um ponto de partida. Steven King, o famoso autor de histórias de terror, afirma obter suas melhores ideias nos sonhos. Muitos compositores dizem que despertam com uma melodia na cabeça. Muitos inventores mantêm um caderninho ao lado da cama caso uma grande ideia surja no meio da noite. Em qualquer caso, os sonhos são significativos, contêm informações importantes, muitas vezes originais, e precisam ter seu valor reconhecido.

A citação de Picasso no início deste livro é profundamente verdadeira: "Toda criança nasce artista. O difícil é permanecer artista". A criatividade implica uma receptividade e um otimismo infantis — a crença de que tudo é possível, qualquer coisa pode ser criada. A criatividade também contém em si a ideia de perseverança — como uma criança que brinca infinitamente com os mesmos jogos, que lê as mesmas histórias e encontra algo novo a cada vez.

Todos temos potencial criativo, em maior ou menor grau. O problema é que os cérebros velhos perderam o contato com sua capacidade de imaginar e inventar. Uma maneira pela qual o cérebro jovem libera o artista subconsciente dentro de si mesmo é a regressão. Você vai se surpreender ao constatar como a regressão vai liberar sua criatividade temporariamente enterrada.

VIVENDO A SABEDORIA

Coloque um caderno e uma caneta ao lado da cama e esteja preparado para anotar seus sonhos quando acordar no meio da noite. No dia seguinte, pergunte: "O que este sonho está me dizendo?". Acima de tudo, esteja preparado para ser levado a um estado criativo por meio dos sonhos.

Faça parte da nova elite

Hoje, sonhar não é para sonhadores alienados. Os sonhadores de hoje são produtivos e membros respeitáveis da sociedade. De repente, as profissões criativas passaram a ser altamente valorizadas.

Antigamente, se você fosse um artista, era visto pela sociedade em geral como excêntrico, um preguiçoso, alguém que teria de sofrer em nome da arte. Os artistas eram pobres, e tão imprevisíveis quanto sua renda. Todo mundo sabe que até artistas famosos morriam pobres e solitários. Foi o que aconteceu com Mozart e Van Gogh, para citar apenas dois.

As coisas mudaram. Hoje, pessoas criativas desfrutam de um *status* quase mítico na sociedade. São muitos os artistas, e eles tocam nosso coração e nossa alma com sua música, sua dança, seu teatro ou sua pintura. Eles nos fazem chorar, nos provocam raiva, nos fazem... humanos. E estamos dispostos a pagar um alto preço por um trabalho tão valioso. Madonna é uma das mulheres mais ricas do mundo. Artistas como Damien Hirst são festejados por onde passam. Atores como Tom Cruise e Eva Longoria têm o mundo a seus pés. Sem falar de J. K. Rowling, a milionária criadora de Harry Potter.

Agora a pergunta: essas pessoas que mencionamos são cérebros jovens ou cérebros velhos? Sim, a centelha criativa da nova elite brota do pensamento de um cérebro jovem.

Mas ficar rico por meio da criatividade não é prerrogativa dos ricos — ou dos talentosos. Há casos como o de Chris Gardner, cujo acesso ao mundo das finanças foi retratado na tela por Will Smith no recente *Em busca da felicidade*. Entretanto, há muitos casos de ascensão social entre pessoas criativas. Basta observar os *rappers* urbanos norte-americanos para constatar essa verdade. Em grande parte da América, o pobre tem três caminhos para ficar rico: esporte, drogas e música. O termo *gangster rap* sugere que muitos experimentam mais de um caminho.

Para os que buscam a via criativa — 50%, Eminem entre eles —, fama e fortuna os aguardam. Para os que fracassam, uma vida de crime e vício. Mas, para todos, o hip-hop representa uma maneira de aparecer, e em milhares de porões e garagens da América (e do mundo) cérebros jovens estão usando seu talento criativo para produzir a nova trilha sonora global.

No entanto não são apenas os cérebros jovens no mundo das artes que estão ocupando as manchetes. O mundo parece parar toda vez que Steve Jobs, da Apple, realiza sua famosa coletiva de imprensa. O que seus geniais engenheiros californianos descobriram agora? E o que virá a seguir?

> Steve Jobs provocou excitação com seu comunicado de março de 2008: "Sejam bem-vindos. Estamos verdadeiramente excitados de partilhar uma ótima notícia com vocês sobre o mapa rodoviário do iPhone".
>
> Quando se aproxima o fim da coletiva, Steve Jobs normalmente finge deixar o palco, volta-se e diz: "Mais uma coisa". Esse "bônus" já anunciou o PowerBook, iPod, MacBook Pro, a loja iTunes, Safari e iPhone.

A "nova onda de criatividade" é considerada uma das dez forças responsáveis pela criação do mundo globalizado do século 21, de acordo com o analista Thomas L. Friendman.

> "Investimos uma quantia cada vez maior de dinheiro em pesquisa e desenvolvimento, e, como resultado, colhemos um número cada vez

> maior de patentes. E um número cada vez maior de pessoas trabalha em ocupações criativas. Hoje estamos absorvendo essas atividades, construindo toda uma infraestrutura à volta delas. Empreendimentos científicos e criativos, por exemplo, tornaram-se indústrias. A expansão conjunta da inovação tecnológica e do trabalho criativo vem se tornando a força motora do crescimento econômico." Richard Florida, *The rise of the creative class*

Na verdade, o sonho se impregnou de tal forma em nossa cultura que toda uma geração tem sido rotulada assim. Trendspotting.com denomina a geração atual de C. Generation, enquanto Paul Ray e Sherry Ruth Anderson cunharam o termo "criativos culturais" e descobriram 50 milhões de americanos com visões de mundo, valores e estilos de vida criativos. Nós simplesmente os chamamos de "cérebros jovens".

VIVENDO A SABEDORIA

Se, como muita gente, você se confunde diante de tantas artes criativas, concentre sua atenção em apenas uma escola ou um artista. Estude essa arte, seu contexto histórico e suas influências. Quando se sentir à vontade, dissemine esse conhecimento e essa paixão a uma "onda" próxima. Seu objetivo não é ser um sabe-tudo, mas sentir a emoção e entender um pouco mais por que a arte faz você se sentir assim.

Mais e melhor *design*

Os cérebros jovens estão na vanguarda da valorização crescente do *design* na sociedade. Ousar sonhar é também ousar ter mais beleza em nossa vida: nos prédios públicos, nas casas particulares, nas roupas e produtos que compramos e usamos. Estamos hoje mais atentos ao *design* do que antes, principalmente os cérebros jovens.

Seja no Museu Guggenheim de Bilbao, na Espanha, na Pont Millau, que flutua a 300 metros de altura no centro da França, na Opera House de Sydney, no Walt Disney Concert Hall em Los Angeles ou no Taipei 101, as pessoas se encantam com edifícios criativos e atravessam grandes distâncias só para vê-los. O simples fato de eles serem hoje considerados ícones prova sua importância para a nossa sensibilidade.

Dentro das galerias de arte, as mostras não estão apenas mais populares, mas sua apresentação está cada vez mais imaginativa. Curadores de todo o mundo ganham nova energia e estímulo. A Tate Modern, galeria em Londres, por exemplo, até permitiu que sua fachada fosse usada como suporte de um gigantesco grafite que anunciava sua exposição sobre o tema — algo inimaginável poucos anos atrás.

Ao mesmo tempo, as comunidades da arte e da moda estão cada vez mais próximas. Com certeza vamos ver mais exemplos de moda inspirada na arte nos próximos anos, assim como exposições de arte em lojas de roupas.

> "Muitas pessoas (leia-se: cérebros velhos) consideram o *design* uma coisa superficial, um embelezamento cosmético. Mas no mundo da Apple, da Sony e da Nokia ele é a antítese disso. *Design* é a 'alma'. O *design* vem primeiro. O *design* orienta a empresa em sua proposta fundamental." Tom Peters, *Essentials: design*

> Donald Trump é um ótimo exemplo de cérebro jovem num corpo velho. Vejam o que um dos homens mais ricos do mundo tem a dizer sobre estética: "Todo mundo sabe quanto a beleza é importante para

> mim. Sempre tento tê-la em minha vida. Estar cercado de beleza faz com que eu me sinta bem; intensifica todas as áreas da minha vida, e eu mereço isso. Para mim, estilo e sucesso estão totalmente interligados. Eu não gostaria de ter um sem o outro. Quando você tem beleza na sua vida, ela pode tornar tudo melhor e mais gratificante."
> Donald Trump, *Trump 101*, 2007

Os cérebros jovens têm fome de estilo. A busca contínua de bom *design* os leva a escolher uma câmera digital pela aparência e pelo toque; dar preferência a um Mac sobre um PC por causa da modernidade de sua interface e de seu *design* — ou mesmo escolher uma marca de ervilhas porque o rótulo é mais bonito. À medida que o mundo assume uma nova aparência, os cérebros jovens sabem que uma maior capacidade de discernir o apelo estético inerente das coisas é fundamental para criar uma vida mais agradável e satisfatória.

> "O design é o motor da inovação". John Kao, *The idea factory*

Simplificando, o *design* satisfaz o desejo humano fundamental de beleza. Os cérebros jovens o adotam porque ele os inspira e lhes dá alegria. Você também pode partilhar dessa alegria.

> **VIVENDO A SABEDORIA**
>
> Concentre-se em desfrutar os muitos aspectos do bom *design*. Uma simples técnica é colocar o bom *design* como critério principal para a escolha de um produto. Você pode acabar pagando mais por uma torradeira de belo *design*, mas pode compensar esse gasto abrindo mão de algo não essencial por algumas semanas. O ganho

> é que você vai desfrutar a beleza desse objeto em sua cozinha por muitos anos.

Resumo de objetivos

- Ser capaz de estimular a imaginação e a criatividade é uma das maiores vantagens de ter um cérebro jovem. O otimismo é o precursor natural da felicidade, e ambos são fortalecidos com magia e encantamento, além da capacidade de sonhar com tempos melhores em um mundo melhor.

Eis as metas que valem a pena buscar:

- Seja positivo em relação ao futuro.
- Faça algo diferente e especial todos os dias — crie magia.
- Sonhe alto e pense jovem.

- Projetar o futuro é fazer nossa vida mais rica hoje, e muito mais rica amanhã. Esta é uma sabedoria que incorpora os pensamentos da juventude como naturais e inevitáveis.

Capítulo 9

Equipes de sucesso precisam de cérebros jovens

Até agora, usamos boa parte deste livro para descrever como as pessoas podem aumentar seu QJ adotando as seis sabedorias da juventude. Falamos sobre famílias, associações, empresas, instituições etc., mas sempre sob a perspectiva de como um indivíduo pode mudar a sua vida. Somente indiretamente tratamos dos benefícios que as sabedorias da juventude podem trazer a equipes e grupos sociais.

Contudo, estamos certos de que você, leitor, já pode perceber que a mentalidade do cérebro jovem pode trazer grandes proveitos para grupos de pessoas e para a sociedade como um todo.

Imagine quão dinâmica uma comunidade, região ou nação seria se as pessoas que dela fazem parte — seja qual for a idade cronológica que tenham — fossem, em sua maioria, cérebros jovens? Será que falaríamos tanto sobre envelhecimento populacional se mais e mais pessoas demonstrassem as virtudes da juventude? E as empresas, não seriam elas mais bem-sucedidas se alimentadas pela flexibilidade, energia e criatividade de cérebros jovens?

Veremos a seguir como diferentes grupos podem ser muito mais vitoriosos se tiverem cérebros jovens no comando e na retaguarda.

Famílias cérebros jovens

> "Hoje em dia, poucos pais têm alguma consideração por aquilo que os filhos dizem. Aquele antigo respeito pelos jovens está em extinção." Oscar Wilde

As famílias são disfuncionais por natureza? É claro que não, mas é verdade que poucas delas conseguem atingir uma harmonia perfeita! Ter mais cérebros jovens na família certamente irá ajudar, uma vez que muitas brigas começam — e persistem — por causa de atitudes e ações de algum cérebro velho. Vejamos alguns exemplos de como os cérebros velhos podem levar desarmonia à família:

- Eles se recusam a viajar — os parentes é que devem fazer o esforço de visitá-los.
- Eles estão sempre indispostos e demonstram pouca empolgação em estar com aqueles que mais os amam.
- Resistem a qualquer mudança, acabam criando um desconforto físico àqueles que os rodeiam: o aquecimento da casa não funciona bem, a cozinha não tem máquina de lavar louças etc.
- Eles acreditam que sempre têm razão, deixando os outros frustrados, fazendo com que assuntos importantes permaneçam mal resolvidos.
- Eles solicitam muito o tempo dos familiares, pois a falta de amigos íntimos os torna dependentes dos parentes.
- Eles tendem a ficar mais doentes do que a média das pessoas, ou, em outras palavras, "exigem alta manutenção".

- Por causa da sua falta de humor, as tensões nunca são quebradas com uma piada, o que poderia descontrair a situação.

A lista citada está longe de ser completa, mas talvez você reconheça alguns pontos que assombram sua família. Proximidade demais incomoda? Então use este livro para rejuvenescer e dê exemplares àqueles membros da família que precisam adotar um espírito mais jovem. Se vários familiares tiverem o mesmo propósito de rejuvenescimento, você verá que toda a família terá benefícios, como:

- Intimidade e cooperação.
- Mais generosidade.
- Mais diversão e vontade de conviver.
- Vontade de conversar sobre as tensões e resolvê-las.
- Mais compreensão entre as diferentes gerações e menos desaprovação por parte dos mais jovens.
- Empatia com os pais jovens e com o modo como eles educam seus filhos.
- Mais facilidade para usar as novas tecnologias de comunicação que propiciam maior contato e envolvimento entre as pessoas da família.
- Menos pessoas acomodadas, um ambiente mais animado e aberto a novas atividades.
- Uma divisão mais justa e equilibrada de papéis e tarefas entre homens e mulheres.

Mais uma vez, a lista pode ser bem longa. Mas mudanças como essas não podem fazer diferença para melhorar o estado de todos na família?

Associações e clubes cérebros jovens

Uma das principais batalhas da maioria das associações é a participação. O decréscimo do número de integrantes coloca em risco a existência do grupo. Isso lhe soa familiar? Bem, como os cérebros jovens são bem relacionados, é uma grande vantagem atraí-los a integrar uma associação. Além de terem facilidade para a vida em grupo e para se entrosar com os membros já existentes, se eles encontram na associação o que estavam procurando, tendem a convidar outras pessoas a participar. A participação pode crescer como uma bola de neve e, de um momento para outro, a organização terá todos os recursos necessários para se tornar vibrante e bem-sucedida.

Mas como atrair os cérebros jovens? Nesse caso, a honestidade é o melhor caminho. O seu clube é um clube de cérebros jovens? Possui iniciativa, é flexível, aventureiro, otimista, criativo, livre de preconceitos? Se não possui essas características, provavelmente sua associação, hoje, não tem muitos cérebros jovens na coordenação. Então como espera contar com novos membros de cérebro jovem no futuro?

> "Cada amigo representa um mundo em nós, um mundo que possivelmente não havia nascido até que eles chegassem, e é apenas por meio desse encontro que esse novo mundo nasce". Anais Nin

A primeira atitude que a associação deve tomar é renovar suas atividades. Mais uma vez, se mais pessoas tiverem acesso a ferramentas e abordagens descritas neste livro e começarem a rejuvenescer, uma dinâmica de transformação pode ser criada. E uma vez que a associação atingir seu ponto de virada, atrair integrantes jovens e ativos será possível e bem mais provável.

O sucesso vem quando:

- As mudanças se tornam naturais e desejadas.
- Novos integrantes são aceitos de braços abertos — sangue novo é sempre bem-vindo.
- As reuniões são algo esperado na semana de cada um — sempre divertidas e instrutivas.
- Buscar voluntários se torna uma tarefa fácil; todos querem se envolver de alguma maneira.
- Prêmios são valorizados. As pessoas querem ser reconhecidas pelos colegas que respeitam.
- O dinheiro entra; novos sócios e novas doações enchem os cofres e deixam o tesoureiro ocupado.
- As excursões ficam lotadas; todos querem participar.
- A organização se torna menos hierárquica; as pessoas fazem as coisas por vontade própria, e não porque alguém disse que tinham que fazer.

Empresas cérebros jovens

Empresas de sucesso são aquelas que compreendem a sociedade na qual operam e, assim, sintonizam-se com suas várias demandas e oportunidades.

Ao entender os cérebros jovens (e como eles são diferentes dos cérebros mais velhos), as empresas e instituições identificam com precisão o que precisam saber sobre o que se passa na sociedade, e podem, assim, antecipar as mudanças que venham a ocorrer no futuro.

Empresas de sucesso querem atrair clientes com cérebros jovens, com produtos e serviços para cérebros jovens. Para isso precisam recrutar e manter um número maior de cérebros jovens em sua equipe e, ao mesmo tempo, reciclar os cérebros mais velhos, estimulando-os a rejuvenescer. Por fim, para ser vencedora, uma empresa terá que implantar progressivamente processos de negócios de cérebros jovens. Vejamos alguns deles a seguir.

Clientes cérebros jovens

Em primeiro lugar, as empresas devem realizar pesquisas sobre os consumidores cérebros jovens, pois, como eles mudam com facilidade, são capazes de se antecipar. Para alcançar o sucesso, é fundamental analisar e entender as motivações desses segmentos de consumidores de ponta, mesmo que eles não sejam seus clientes.

Os cérebros jovens, contudo, são parte da base de clientes que bate à porta de muitas empresas todos os dias.

Nesse sentido, o departamento de marketing da empresa deve saber responder à seguinte questão: que porcentagem da minha base de clientes é composta de cérebros jovens e o que estou fazendo para atraí-los e satisfazê-los? Uma segunda questão chave é: é bom para meu negócio que o segmento cérebro jovem do mercado se torne meu público-alvo? O que sabemos com certeza é que cérebros jovens são visados por várias indústrias — incluindo os setores de tecnologia, bens de consumo rápido e lazer.

É importante responder ainda a uma outra pergunta: como os cérebros jovens serão amanhã? Ou, em outras palavras, quais as tendências que estão influenciando a mentalidade jovem?

Responder a essas questões sobre público-alvo, posicionamento no mercado e construção da marca requer análises cuidadosas e reações inteligentes. Mas o primeiro passo é encontrar e conversar com cérebros jovens.

Produtos e serviços para cérebros jovens

Hoje em dia, muitas empresas cometem o equívoco de pensar que só adolescentes e jovens adultos têm juventude. No entanto, como já vimos, você pode ter um cérebro jovem com qualquer idade. Desse erro decorre a ideia de que os produtos e serviços precisam ser unicamente voltados para adolescentes e jovens adultos. O foco principal se torna a cultura urbana, as novidades da moda e outras manias — quase sempre de origem norte-americana. Tais produtos são geralmente mais baratos, pois devem ser acessíveis ao bolso de seus consumidores.

Mas uma empresa de cérebro jovem bem-sucedida percebe que, ao contrário do que se crê, muitos cérebros jovens são mais velhos, mais ricos e, muitas vezes, já têm filhos.

Então, que tal inventar um videogame para o pai de família de cérebro jovem? Ou um carro de luxo mais informal? Que tal criar um programa de aposentadoria que pense no divertimento? Ou trens com vagões especiais que propiciem um ambiente de sociabilidade para os que desejem conhecer pessoas, mas não queiram passar toda a viagem no vagão-restaurante?

A mentalidade jovem é uma fonte abundante de inovação. As empresas vitoriosas serão aquelas que conseguirem explorar essa mina.

Funcionários cérebros jovens

Cérebros jovens são fundamentais em todas as empresas e instituições. Eis algumas razões pelas quais eles são tão importantes:

- Estão em sintonia com as tendências do momento.
- Não resistem a transformações; ao contrário, são receptivos a elas.
- São bem informados e se comunicam com naturalidade.
- Estão sempre ligados e prontos para agir.
- Trabalham bem em equipe; tendem a ser menos sexistas e racistas, por exemplo.
- São espertos e tomam decisões rápidas, usando a intuição.
- Não se prendem a tradições, por isso podem dar bons inovadores.
- São otimistas e animados, não importa a idade que tenham.
- Têm familiaridade com as tecnologias.
- São companhias divertidas.
- Estão sempre aprendendo e se desenvolvendo.
- Buscam mobilidade e gostam de expandir seus horizontes.
- Têm sorte.

Está parecendo um *dream team*? Com certeza! O primeiro passo para qualquer gerente de RH é aplicar nosso teste completo para medir o QJ da equipe, e, em seguida, realizar avaliações e treinamentos destinados a rejuvenescer os cérebros mais velhos. Você não vai querer uma empresa administrada por cérebros jovens?

Ainda que seja uma observação desagradável, é preciso ter em mente que uma empresa bem-sucedida é também aquela que manda embora os cérebros mais velhos. Esse medo de demissão já deve ser o bastante para estimular qualquer funcionário sensato a renovar seu modo de pensar.

Processos cérebros jovens

Não basta ter funcionários cérebros jovens se eles não são produtivos. No futuro, as empresas de sucesso serão aquelas que revitalizarão seus processos de negócios para aproveitar ao máximo os talentos jovens.

Por exemplo, quantas empresas não implementam processos de inovação que falham porque não são suficientemente jovens? O processo de *brainstorming* pode acabar sendo previsível, desestimulante e sem foco no futuro. Estranho, não? Mas existem dinâmicas para estimular inovações que levem os cérebros jovens a entrar em atividade. Inovações bem-sucedidas dependem disso.

Empresas que chegaram lá

Quais são as empresas cérebros jovens que estão atuando no mercado? Com certeza empresas como Apple, Google, The Greak Squad e Orange são cérebros jovens, assim como muitas (mas não todas) agências de criação e *design*. Lynx é uma vibrante marca de cosméticos cérebro jovem, assim como a mais pragmática Dove. Não se pode negar o espírito jovem da Toyota e da Harley Davidson.

No mundo da moda, empresas como Diesel, Nike e Oakley estão entre as que mais continuam ditando tendências. A lista segue... vodca Absolut, Virgin Atlantic e muitas mais — você já entendeu.

O que essas empresas têm em comum é que cérebros jovens querem muito trabalhar para elas. Então elas se tornam eternamente jovens. Uma empresa cérebro jovem atrai funcionários cérebros jovens, que renovam e energizam a empresa, formando um círculo virtuoso.

Tente atrair cérebros jovens para uma empresa cérebro velho. Elas são muito lentas, pouco desafiadoras, locais demais, sérias demais! Sabemos de casos de cérebros jovens que, numa entrevista de emprego, simplesmente deram as costas e foram embora quando ficaram sabendo que não teriam acesso a seu próprio laptop. A empresa precisa saber se vai trabalhar a favor ou contra os cérebros jovens.

Outros grupos vencedores

O que podemos dizer sobre outros grupos sociais? Será que também será benéfico ter cérebros jovens na direção? Pode crer que sim. Instituições filantrópicas vão obter mais fundos se conseguirem recrutar voluntários proativos e esclarecidos. E os captadores de recursos terão um perfil mais sólido se conseguirem equilibrar a disponibilidade de ajudar o próximo e o reconhecimento de seu próprio valor.

Instituições públicas também poderão renovar seus objetivos se contarem com o talento dos cérebros jovens. Atualmente, o serviço público é dominado por forças conservadoras que impedem que as necessidades públicas, que constantemente estão se transformando, sejam atendidas. Mais equipes e processos cérebros jovens colocariam as instituições públicas no caminho do futuro.

Na área da educação, por exemplo, seria ótimo se os estudantes aprendessem as vantagens da navegação adaptativa, em vez de serem levados a acreditar que sempre há uma rota definida entre A e B. A vida é mais complexa e mutável do que nosso sistema educacional leva a crer. Essa perspectiva daria aos estudantes maior preparo para enfrentar o mundo, com uma visão mais realista.

Por fim, evidentemente, a sociedade como um todo se beneficiaria de um aumento de seu QJ. Uma sociedade cérebro jovem estaria mais adaptada à realidade da vida moderna, teria um desempenho econômico melhor, aceitaria-se melhor — enfim, seria mais rica e feliz. Rejuvenescimento social, haveria algo melhor do que isso?

Capítulo 10

Eterna juventude

> "O importante é se tornar um mestre e, com a experiência, ter a coragem de fazer o que as crianças faziam quando não sabiam de nada." Ernest Hemingway

Nos últimos seis capítulos, cobrimos uma ampla gama de assuntos e apresentamos a você dois poderosos ensinamentos. Em primeiro lugar, revelamos uma sabedoria da juventude. Trata-se da sabedoria de eliminar o medo e fazer o que as crianças fazem, sem saber nada. É uma sabedoria natural, ingênua e extremamente eficaz na sociedade moderna.

Mas também esperamos ter provocado em você uma nova ambição: a ambição de acreditar em si mesmo, de querer aproveitar ao máximo as oportunidades da vida e a convicção de que é absolutamente possível refazer e renovar sua vida.

Na verdade, este livro todo trata da possibilidade de se transformar. Se mudar sua maneira de pensar e seguir a sabedoria da juventude, você se tornará mais aberto, flexível, energético, corajoso, alegre, entusiasmado, criativo, satisfeito e eficiente. Redescobrir a sabedoria da juventude com certeza lhe propiciará a liberdade de ser jovem de novo.

Até onde vai sua ambição?

Isso basta para você? Se este livro ajudá-lo a conquistar tudo o que falamos até aqui, você estará safisfeito? Você será jovem, se destacará, terá mais confiança. Será suficiente?

E a eterna juventude?

É claro que não temos nenhum elixir mágico que nos faça fisicamente jovens para sempre. Todavia a coisa mais próxima da eterna juventude que podemos experimentar é deixar um legado. Em outras palavras: sermos lembrados por muito tempo depois de nossa morte; tornarmo-nos imortal pela memória que deixamos.

Isso significa atingir outro patamar de ambição. Em vez de simplesmente levar uma vida com satisfação e jovialidade, você procura fazê-lo de uma maneira que traga benefícios na posteridade. Essa é a definição de sucesso *real* na vida.

Para a maioria de nós, ter uma vida boa — evitando as armadilhas do pensamento velho, é o bastante. Entretanto, se você ambiciona a eterna juventude, como poderá obtê-la? Esse é o assunto deste capítulo.

Como alcançar a eterna juventude

Quem conseguiu alcançar a eterna juventude? Bom, lembrar de suas aulas de história já pode lhe dar uma primeira ideia. Líderes políticos, cientistas, inventores, filantropos e artistas famosos são lembrados por muito tempo por sua contribuição à sociedade.

Mas a juventude eterna também pode ser alcançada numa escala mais local. Benfeitores que deixaram como legado os edifícios que possuíam, dignitários que auxiliam as pessoas menos favorecidas da comunidade também permanecem vivos por um longo tempo na memória.

Numa escala menor ainda, no interior de cada família, muitas pessoas são esquecidas, enquanto uma ou duas, pela contribuição especial que tiveram, tornam-se uma lenda lembrada por gerações.

Como você vê, não é necessário fazer uma descoberta científica que rompa um paradigma ou doar milhões a instituições de filantropia para ser lembrado. Ser um herói para sua própria família e amigos pode lhe render uma permanência no futuro.

Ir além da sabedoria da juventude: a sabedoria da experiência

Por todos os motivos que mencionamos, recuperar a sabedoria da juventude é essencial se você quiser ter uma vida significativa e feliz. Contudo, se você almeja a eterna juventude, apenas isso não será o suficiente. Se você quer ser lembrado por muito tempo após a sua morte, precisa dosar a sabedoria da juventude com outras sabedorias. E assim alcançar a sabedoria da experiência.

A sabedoria da experiência é algo que aprendemos com o tempo. Ao longo da vida, vamos tirando dela importantes lições. Felizmente, quanto mais vivemos, mais lições aprendemos. É isso que queremos dizer quando falamos em sabedoria da experiência.

Assim, ela é o resultado de uma boa capacidade de julgamento aliada à lembrança das percepções que tivemos. Ela pesa criteriosamente meios e fins. Pessoas que têm essa sabedoria geralmente manifestam uma bondade especial. Elas compreendem que padrões e limites estabelecidos com clareza, aliados ao encorajamento, dão melhores resultados do que leis arbitrárias e coerção.

É claro que nem todo mundo adquire a sabedoria da experiência. Muitas pessoas passam a vida cometendo sempre os mesmos erros. Já os sábios procuram dimensionar corretamente os problemas e tragédias, e conseguem perceber as razões por trás daquilo que parece apenas sorte.

Poderíamos falar muitas coisas sobre a sabedoria da experiência, mas não é nosso propósito neste livro. Para aqueles que almejam desenvolver a eterna juventude, apresentamos a seguir uma análise suscinta.

Como a sabedoria da juventude, a sabedoria da experiência é constituída por seis elementos:

1. Forte orientação moral.
2. Valorização das origens.
3. Percepção da importância dos outros.
4. Equilíbrio entre presente e futuro.
5. Aceitação da realidade.
6. Tranquilidade inabalável.

1. Forte orientação moral

À medida conhecemos melhor o comportamento humano, aprendemos a distinguir com mais propriedade o que é certo e o que é errado. A vida nos mostra que, se deixamos de ouvir a voz da consciência quando enfrentamos uma situação difícil, teremos mais problemas e muito estresse.

Todos colhemos o que plantamos. Sabemos que devemos ser honesto conosco e com os outros em assuntos morais. Essa aprendizagem fundamental baseia-se na experiência, e, portanto, não está imediatamente disponível aos jovens.

A experiência também ensina que gentileza não está fora de moda nem é irrelevante. Ser bem-educado não custa nada e facilita a relação com as pessoas. Além disso, a experiência ensina que há uma diferença entre liberdade sexual e promiscuidade, e que é preciso contrabalançar liberdade individual e responsabilidade.

2. Valorização das origens

Quando somos jovens, não damos muita importância a nossas origens. Nossos olhos estão voltados para o futuro. O passado está associado àquele primo, tio ou tia distantes, com quem temos pouca afinidade, o que justifica o ditado de que parente a gente não escolhe.

À medida que amadurecemos, principalmente se tivermos filhos, vamos percebendo a importância dos laços de amor que unem uma família, e nos damos conta da influência que uma pessoa ou um lugar de nosso passado familiar exerce na formação de nossa personalidade. Assim, passamos a nos interessar mais por nossa história familiar e nossas origens, com o intuito de compreender nosso contexto familiar e que papel desempenhamos dentro dele.

3. Percepção da importância dos outros

Significa ampliar a valorização das origens. Na juventude, tendemos a só pensar em nós mesmos a tal ponto que, na adolescência, vivemos num idealismo subjetivo no qual os outros não passam de projeções de nossa imaginação.

O mundo parece girar em torno de nós. Estamos tão autocentrados que chega a ser constrangedor. Esse tipo de egoísmo introspectivo é muito diferente do egoísmo esclarecido. Em vez de centrar nossa atenção em nós mesmos e no que *nos* beneficia, com o esclarecimento criamos espaço para crescer como indivíduos, de modo que possamos oferecer *mais* aos outros — à família, aos amigos, à comunidade.

Isso ocorre porque, com o passar dos anos, compreendemos não só que os outros existem, mas principalmente que eles são essenciais para nossa existência e nossa felicidade. Nossa autoestima, realização e desenvolvimento como seres humanos estão ancorados na capacidade de reconhecer a importância dos outros.

Trata-se de uma lição que muitas vezes é difícil de aprender, mas que faz parte do crescimento pessoal que deve ocorrer na passagem da juventude à maturidade.

4. Equilíbrio entre presente e futuro

Muitas vezes demoramos a compreender que as ações — ou, mais importante ainda, a falta de ações — têm consequências. Preparar-se ou não para um exame, candidatar-se ou não a um emprego são geralmente decisões tomadas por pressão externa, conveniência pessoal ou capricho, e não tendo em vista o impacto que essa decisão vai ter em nossa carreira ou renda no futuro.

A confiança de que no futuro tudo se resolverá naturalmente é uma das coisas que tornam a juventude tão atraente. *Carpe diem* — aproveite o dia — é algo inerente aos jovens. Mas gera um certo vazio, pois todos os frutos são consumidos assim que colhidos.

À medida que vamos ganhando experiência continuamos aproveitando o dia, mas guardamos alguns frutos que colhemos, porque sabemos que o futuro virá e precisaremos de sementes para plantar as novas safras de amanhã.

A capacidade de tomar decisões que afetam o futuro, e compreender seu impacto, é o que distingue os homens dos animais. Com o amadurecimento, essa compreensão aumenta, e nos tornamos melhores nisso.

5. Aceitação da realidade

Ingenuidade e juventude são coisas que andam juntas. Quando somos jovens, compreendemos racionalmente algumas realidades da vida, porém, quando as experimentamos, passamos a ter uma compreensão emocional — e portanto mais profunda — dessas realidades.

É perda de tempo dizer a um jovem que ele é ingênuo. Se nós não acreditávamos nisso quando éramos jovens, por que eles iriam acreditar? Ao contrário do que muitas pessoas jovens acham, as contas e faturas de cartões de crédito acabam tendo que ser pagas, e se a dívida for sua, é você que terá que pagá-la.

A maturidade traz consigo um entendimento profundo da vida. Ela nem sempre é justa, é muitas vezes desafiadora, e nada vem de graça. Podemos não desfrutá-la, mas ao menos sabemos como ela funciona e conseguimos ter alguma satisfação em saber como conduzi-la.

6. Tranquilidade inabalável

Tranquilidade parece ser algo maçante, porém é bem melhor do que estresse e ansiedade. Segundo um ditado inglês, temos que agradecer nossa má sorte, pois é a única sorte que teremos na vida. Isso não é verdade, é claro, mas às vezes pode parecer que é.

Com a maturidade, deixamos de esbravejar contra o mundo e suas injustiças e compreendemos que a melhor maneira de lidar com as adversidades é aceitá-las e vencê-las. A aceitação é importante. Não se trata apenas de suplantar os aborrecimentos da vida, porém de desenvolver uma maturidade inabalável, que conseguimos manter com tranquilidade e bom humor.

A progressiva capacidade de agir com leveza sob pressão é uma das maiores qualidades que vêm com o passar dos anos.

Viver com sabedoria

Sua melhor chance de conseguir a juventude eterna é aliar a sabedoria da juventude à sabedoria da experiência, numa combinação muito poderosa. Assim, você começará a viver com sabedoria.

Sabedoria da juventude + Sabedoria da experiência = Viver com sabedoria

Vale a pena enfatizar que a fusão da sabedoria da juventude com a sabedoria da experiência é algo que transcende a distinção entre cérebro jovem e cérebro velho. Suas chances de atingir a eterna juventude aumentarão se você desenvolver um cérebro sábio.

Benefícios da fusão da sabedoria da juventude com a sabedoria da experiência

Reconhecer as potencialidades da sabedoria da experiência permite contrabalançar alguns excessos da sabedoria da juventude:

- Você pode ficar na rua até tarde — contudo não é obrigado a fazê-lo.
- Você pode dormir no sofá da casa de um amigo — porém só se você quiser.
- Você pode participar de um comitê de caridade — mas sem que isso atrapalhe seus estudos.
- Você pode mudar seus valores — todavia apenas se isso lhe parecer moralmente justificável.

Por outro lado, ter firme em mente a sabedoria da juventude possibilita equilibrar os excessos da sabedoria da experiência:

- O amanhã é importante — mas você também pode se divertir hoje.
- Tranquilidade previne úlceras — mas o entusiasmo é o que torna a vida interessante.

Em síntese: mesclar as duas sabedorias é tirar o melhor dos dois mundos. Almejar a eterna juventude é sábio, e divertido!

Entretanto, quando as duas sabedorias se mesclam, não significa apenas que uma delas atenue o efeito da outra. Elas realmente se fundem em um novo conjunto de poderosos benefícios. Eis alguns deles:

- Você pode ter um sonho que estimule a si mesmo e aos outros (Projetando o futuro) e ao mesmo tempo ter consciência que esse sonho é louvável e valioso (Forte orientação moral).
- Suas energias e seu entusiasmo pela vida turbinam sua capacidade de fazer algo significativo (Estar sempre ligado), e parte desse significado está ligado à sua família e às pessoas próximas (Valorização das origens).
- Sua sociabilidade e sua conexão com os outros (Sangue novo) o torna uma companhia agradável e alguém com capacidade para reconstruir relações com familiares que atravessam uma fase difícil ou se tornam problemáticos (Valorização das origens mais uma vez).
- Seu otimismo e sua mentalidade positiva — além do fato de que é divertido conviver com você — o tornam uma pessoa atraente (Planejando o futuro/Vontade hedonista) e mantêm seus relacionamentos saudáveis (Percepção da importância dos outros).
- Sua autoconfiança e sua habilidade para se relacionar com os outros (Egoísmo esclarecido) lhe permitem lidar e trabalhar com os outros de maneira colaborativa e eficiente (Equilíbrio entre presente e futuro).
- Você se torna mais aberto a novas ideias e pessoas (Sangue novo), e é também uma fonte dessas transformações (Projetando o futuro), o que lhe dá muita energia para promover mudanças que melhorem a vida dos outros (Equilíbrio entre presente e futuro).

- Sua coragem para conquistar seu espaço (Estar sempre ligado e Egoísmo esclarecido) o ajuda a enxergar as coisas de modo positivo, por mais duras que elas sejam (Aceitação da realidade).
- Sua crescente capacidade de administrar seu tempo de maneira inteligente (Estar sempre ligado) lhe permite saber quando é preciso apertar o passo e quando é possível diminuir o ritmo, ou seguir o fluxo, o que evita o estresse e aumenta a felicidade (Tranquilidade inabalável).

A boa notícia para quem quer aceitar o desafio de aumentar seu QJ combinando a sabedoria da juventude com a sabedoria da experiência é que o sucesso está em suas mãos. Você pode se automedicar. Não precisa passar por tratamentos caros, submeter-se a operações cosméticas arriscadas ou usar drogas. Não é necessário recorrer a caríssimos *personal stylists*. Sua transformação é você mesmo quem faz.

Recomendamos agora que você reveja os vários capítulos deste livro, identifique os benefícios que pode alcançar com mais facilidade ou aqueles de que mais precisa, e comece a se empenhar em mudar seus valores, zonas de conforto e comportamentos.

Quando você for fazer essa revisão, lembre que tendemos a colocar em prática apenas aquilo para o qual já temos facilidade e deixamos de lado as habilidades que requerem mais esforço. Por quê? Em poucas palavras, porque é frustrante encarar os sucessivos erros. É muito mais agradável fazer aquilo no que você é excelente. Evite cair nessa tentação e conceda a si mesmo todas as oportunidades de voltar a ser jovem. Está em suas mãos.

Se isso lhe parecer muito difícil a princípio, não se preocupe. Sabemos quanto esforço pode ser necessário para vencer um desafio. Afinal de contas, não estamos apenas solicitando que você reveja alguns valores, mas que mude alguns comportamentos que podem estar muito enraizados e que, por isso, é difícil abandonar. No entanto se você leu este livro até aqui significa que quer assumir a responsabilidade pela sua vida — você não é uma vítima. E mesmo que para incorporar novos conceitos em seu comportamento seja preciso muita prática e muito esforço, é extremamente recompensador. Reveja a seção "Benefícios" de cada sabedoria para relembrar por quê. Você pode — e irá — conseguir aumentar seu quociente de juventude, e com isso seu amor pela vida.

Vale dizer mais uma vez: se você implementar as ações descritas neste livro, seu objetivo de se tornar mais jovial será atingido. Nós o ajudamos a identificar o problema e novas ambições. Entretanto, entre conhecer o problema e resolvê-lo há uma grande distância; em outras palavras, existe um hiato entre ter sabedoria e viver com sabedoria. Oferecemos a você um poderoso conjunto de sabedorias. Agora cabe a você usá-las ou não; é uma escolha sua viver com sabedoria e juventude.

No início deste livro, você realizou o teste que mede a idade cerebral para definir seu quociente de juventude. Sugerimos que você retorne ao Capítulo 2 e refaça-o para avaliar o quanto já progrediu.

É pouco provável que seu cérebro tenha rejuvenescido em tão pouco tempo. Se você conseguiu, parabéns! Mas experimente fazer o teste de novo dentro de algumas semanas para se certificar de que sua pontuação não foi distorcida por um excesso de excitação ou por ter buscado as respostas que lhe pareceram mais apropriadas.

Seja completamente honesto. Como as questões são as mesmas, você pode avaliar como progride com o passar do tempo. Isso quer dizer que as respostas serão as mesmas. Não se trata de um teste de memória — apenas responda com honestidade, espontaneamente.

Seu QJ está aumentando?

Em primeiro lugar, atualize os pontos que você obteve no teste do Capítulo 2:

Dia do meu nascimento:
Meu QJ (medido no Capítulo 2): .... Meu QJ hoje..... (data)
Medições subsequentes........... (datas)
Minha idade cerebral (cérebro velho, jovem ou de meia-idade):

Agora, seja ambicioso e estabeleça a sua meta:
O QJ que quero alcançar:..... (data) Metas subsequentes: .....
(datas)

O mais provável é que você ainda tenha um pouco mais de trabalho a fazer. Você não se torna um cérebro jovem de uma hora para outra, a menos que já tivesse um QJ alto quando começou a ler este livro.

Os 10 valores mais importantes

É muito cedo para testar novamente seus valores mais importantes, porque valores mudam mais lentamente do que atitudes. Mas você pode retornar ao exemplo mencionado no Capítulo 3, quando sugerimos que valores como alegria, abertura, entusiasmo, receptividade devem começar a subir posições em sua lista. Você considera que esses valores passaram a ser mais atraentes e relevantes?

Volte à sua lista dos 10 valores mais importantes após alguns meses para observar o que mudou. Use a longa lista fornecida no Capítulo 3 como base, e veja que valores, agora, são extremamente importantes para você, e quais deixaram de ser.

Se houve empenho em aplicar as lições contidas neste livro, pelo menos enstusiasmo e abertura devem ter despertado dentro de você.

O futuro

Então chegamos ao fim. Esperamos que você tenha gostado da leitura deste livro tanto quanto nós gostamos de tê-lo escrito. Esperamos também ter oferecido algumas ideias e ferramentas capazes de mudar sua vida.

Se você dedicar tempo e esforço para voltar a ter um cérebro jovem, sua vida será muito mais divertida. E, combinando isso com a sabedoria da experiência, ela provavelmente será também muito mais significativa.

Tudo o que é preciso fazer é se livrar de seu cérebro velho. O cérebro velho é como um elefante no meio da sala. Todo mundo evita falar no assunto, e tenta ignorá-lo — até mesmo você. É uma presença enorme, que pode atrapalhar bastante a sua vida.

Então, liberte-se dessa mentalidade disfuncional, recuse o cérebro velho e comece a construir o seu legado.

Vá além da sabedoria da juventude, alie a ela a sabedoria da experiência e viva a vida com sabedoria.

Muito boa sorte e mãos à obra!